호르크하이머와 아도르노의

『계몽의 변증법』 읽기

세창명저산책_088

호르크하이머와 아도르노의
『계몽의 변증법』 읽기

초판 1쇄 인쇄　2021년 10월 28일
초판 1쇄 발행　2021년 11월　4일

　－

지은이　문병호

펴낸이　이방원

기획위원　원당희

편　집　송원빈·김명희·안효희·정조연·정우경·조상희

디자인　손경화·박혜옥·양혜진　**영　업**　최성수　**마케팅**　김준

　－

펴낸곳　세창미디어

　　　　신고번호 제2013-000003호　**주소** 03736 서울시 서대문구 경기대로 58 경기빌딩 602호

　　　　전화 723-8660　**팩스** 720-4579　**이메일** edit@sechangpub.co.kr　**홈페이지** http://www.sechangpub.co.kr

　　　　블로그 blog.naver.com/scpc1992　**페이스북** fb.me/Sechangofficial　**인스타그램** @sechang_official

　－

ISBN　978-89-5586-708-4　02160

ⓒ 문병호, 2021

세창명저산책_088

Max
HORKHEIMER
Theodor W.
ADORNO

문병호 지음

호르크하이머와 아도르노의
『계몽의 변증법』 읽기

세창미디어
MEDIA

『계몽의 변증법』은 20세기 서구 사상에서 매우 중요한 위상을 갖는 고전이다. 20세기 전반부의 인류 역사가 참혹한 불행의 역사였던 것처럼 바로 그렇게, 이 책도 극도로 암울한 모습을 갖고 있으며 이에 상응하여 치열한 사유의 정점을 보여 준다. 이 책은 20세기 전반부에 창궐한 파시즘, 나치즘과 같은 전체주의 지배 체제가 자행한 극단적인 불의, 폭력, 광기, 2차 세계대전과 같은 미증유의 참극이 계기가 되어 1947년에 출간된 책이다.

그러나 이 책의 내용은 전체주의 지배 체제에 대한 비판에 국한되어 있지 않다. 이러한 비판에 제한되어 있다면, 『계몽의 변증법』은 20세기의 중요한 고전의 반열에 올라설 수 없었을 것이며, 인류의 정신에 오늘날까지 지속적으로 미치는 영향도 제한적이었을 것이다.

『계몽의 변증법』은 인간에게 물질적 풍요와 편리함을 제공함으로써 진보의 과정이라고 일반적으로 평가되어 온 문명의 과정을 타락사로 인식하는 책이다. 『계몽의 변증법』이 재구성한 문명은 진보의 과정이라기보다는 타락의 강도를 더 많은 정도로 증대시켜 온 과정이다. 원시제전에서 태동한 문명이 태동 당시부터 타락에 빠져들었고 타락에서 빠져나오기는커녕 더욱 더 깊은 타락의 늪으로 빠져듦으로써 마침내 파시즘, 나치즘과 같은 불의의 총체적인 연관관계, 2차 세계대전과 같은 총체적인 파국에 이르렀다는 인식을 매개하는 책이 바로 『계몽의 변증법』이다.

헤겔이 정신의 운동을 통해, 마르크스가 생산력과 생산관계의 변증법적 운동을 통해, 막스 베버가 합리화를 통해 역사를 재구성하였다면, 프랑크푸르트학파, 이 학파를 대표하는 보편 사상가인 아도르노, 이 학파의 역사에서 가장 중요한 저작으로 볼 수 있는 『계몽의 변증법』은 도구적 이성을 통해 역사를 재구성하였다. 도구적 이성'은 이성이 제대로 기능하지 못하고 자연과 인간을 지배하는 도구로 전락한 이성을 지칭한다. 도구적 이성의 관점에서 시도한 문명사의 재구성이 헤겔, 마르크스, 베버의 업적에 비견될 수 있는지의 여부에 대해서는 논란의 여지가 있을 것이다. 그러나 오늘날 인류의 삶이 자본권력을 유지·확대하는 원동력인 도구적 이성에 의해 지배되는 강도가 더욱 증대되는 현실을 볼 때,『계몽의 변증법』이 성취한 재구성의 의미는 더욱 빛을 발하게 될 것이다.

1920년대 후반에 출범한 프랑크푸르트학파는 100년 가까이 진행된 활동을 통해 수많은 중요한 저작들을 내놓음으로써 인류의 정신에 지대한 영향을 미친 학파이다. 이 학파가 지난 1세기 동안 내놓은 중요한 저작들 중에서도 가장 중요한 저작이 바로『계몽의 변증법』이다. 이 점은 다음의 내용만 보아도 명백하다 할 수 있다.

이 책이 다루는 주제들은 방대하다. 주제들은 자연, 문명, 사회, 역사, 이성, 신화, 계몽, 학문, 기술, 권력, 도덕, 지배, 이데올로기, 문화, 문화산업 등 거대한 주제들부터 사이비 개별성처럼 상대적으로 더 작은 주제들에 이르기까지 방대한 영역에

---

1 주요 개념은 이와 같이 하이라이트로 표시할 것임.

걸쳐 있다. 이에 상응하여 이 책이 갖는 얼굴도 매우 다양한 모습을 갖고 있다. 이 책을 읽으면 읽을수록, 이 책의 내용을 깊게 파고들면 들수록, 수많은 얼굴들이 나타난다. 이 책이 이처럼 수많은 주제들에 대한 비판적 사유를 통해 성취한 인식들과 통찰들을 양적인 관점에서 본다면, 그것들은 거대 동물인 코끼리와 같은 모습을 갖고 있다고 말할 수 있다.

『계몽의 변증법』이 제공하는 인식의 심오함은 심해에 비교될 수 있을 정도로 깊다. 이 책의 공동 저자인 호르크하이머와 아도르노는 자체로서 광기와 폭력의 총체인 파시즘, 나치즘과 같은 전체주의적 지배 체제가 자행하는 갖은 종류의 불의와 2차 세계대전과 같은 거대한 불행을 목도하고 이로 인해 고통을 받는 인간이 얼마나 깊게 사유할 수 있는가를 보여 준다. 두 저자는 문명이 극악의 상태로 타락하는 것을 보면서 이에 상응하는 인식의 심오함을 인류에게 선물하였다.

문고판 형식인 나의 작은 책이 『계몽의 변증법』의 내용을 미시적 시각에서 독자들에게 상세하고 구체적으로 매개하는 것은 가능하지 않다. 따라서 나는 독자들이 매개하는 인식의 규모에서 볼 때 코끼리와 같은 모습을 가진 『계몽의 변증법』의 윤곽을 나의 문고판을 통해 거시적 시각에서 어느 정도 파악할 수 있게 되기를 바란다. 이것이 이 작은 책을 집필하는 목적이다.

나의 작은 책이 독자들을 『계몽의 변증법』의 심연으로 안내하는 것도 역시 뚜렷한 한계를 갖고 있다. 이 책이 사용하는 개념들은 그것들이 갖고 있는 의미의 층들에서 볼 때 바다의 표면에서 심해에까지 걸쳐 있다. 예컨대 이 책의 제목에 들어 있는 '계몽' 개념의 경우 이 개념이 갖는 의미의 층들은 바다 표면의 수준에서 이해될 수 있는 층을 갖고 있을 뿐만 아니라 『계몽의 변증법』 전체를 거의 완벽하게 파악했을 때 경험할 수 있는 층, 곧 심해에 있는 층도 지니고 있다. 나는 독자들이 『계몽의 변증법』이 사용하는 개념들을 바다 표면이나 표면 바로 아래의 수준에서 이해할 수 있도록 해설을 진행할 것이다.

독자들이 나의 작은 문고판을 통해 『계몽의 변증법』이 매개하는 인식과 비판에 대한 윤곽을 얻게 된다면, 작은 책으로서의 역할은 일단 충족되는 셈이다. 그러나 이러한 의미에서의 충족은 한계가 명확하다.

『계몽의 변증법』은 인류가 현재의 삶보다는 더 좋은 삶, 한국인들이 현재의 삶보다는 더 나은 삶을 추구하는 한, 언제나 우리 곁에 가까이 있어야 할 고전이다. 더구나 이 책은 오늘날 경제적·사회적 양극화의 극단적인 심화와 같은 폭력, 그리고 인간을 이윤추구의 단순한 도구로 관리하다가 불필요해지면 폐기시키는 폭력을 자행하는 자본권력의 끝을 모르는 지배력 등, 갖은 종류의 폭력과 불행에 시달리는 인류와 한국인들에게 폭력, 불의, 불행을 줄여 나갈 수 있는 인식을 제공하는 책이다. 오늘날 도구적 이성은 자본권력의 폭력에서 그것의 광폭한 지배력을 선명하게 드러내고 있다.

따라서 『계몽의 변증법』을 심층적으로 들여다보는 것은 오늘날의 시대상황에서도 의미가 크다. 이 책을 매우 상세하게 해설하고 오늘날의 시대상황에서 이 책이 갖는 특별한 의미를 논의하는 저작의 필요성은 그러므로 자명하다고 할 것이다. 『계몽의 변증법』을 더욱 자세히 꼼꼼하게 고찰하고 깊은 바다와 같은 이 책의 세계로 잠수해 보는 것은, 미래에 대한 희망은커녕 무엇보다도 자본권력이 저지르는 불의와 폭력의 늪에서 허우적거리고 있는 한국인들에게도 긴요하다. 나는 이러한 긴요함에 어느 정도 만족스럽게 답을 하기 위해 앞으로 노력을 기울이려고 한다.

최근 몇 년에 걸쳐 드러난, 거대 항공사의 이른바 총수 일가가 무력한 개별 인간들을 도구로 삼아 저질렀던 총체적이고도 기이한 폭력과 불의는, 이것은 물론 한국 사회의 자본권력이 저지르는 폭력들의 한 예에 지나지 않지만, 한국 사회에서 자본권력이 자행하는 불의와 폭력, 절대 다수의 무력한 한국인들이 당하는 불행을 줄여 나가는 것이 얼마나 절박하고 긴요한 일인가를 알려 준다.

불행하게도 한국 사회는 이처럼 기괴한 폭력과 광기를 순식간에 망각하고, 사법 기관은 이러한 망각에 상응하기라도 하는 듯이 재벌 일가의 광기와 폭력을, 심판을 결여한 심판의 형식으로 종결짓는다.

불의, 폭력, 불행에서 행복으로 가는 길을 찾는 지난한 노력에서 『계몽의 변증법』이 한국인들에게도 줄 수 있는 도움은 많다. 한국 사회가 경제, 정치, 행정, 사법, 교육, 언론, 종교 등 인간의 삶을 규정·통제·감시·지배·관리·규율·폐기하는 영역에서 서구의 거의 모든 제도를 수용하여 작동되고 있고 무엇보다도 특히 자본주의를 경제사회 질서로 채택하고 있기 때문이다.

나는 작은 문고판인 이 책을 신속하게 집필하기 위해 2019년
도에 글쓰기를 서두르다가 강의 등 여러 가지 사정으로 글쓰기
를 중단하였다. 이러는 동안에 인류가 코로나19라는 새로운 바
이러스의 습격을 받아 활동이 강제적으로 정지를 당하는 고통
에 시달리는 사태가 발생했고, 이 바이러스는 세계 각국에서
수많은 사람들의 생명을 앗아 갔다. 학자들은 지구 생태계 파
괴가 코로나19 사태의 원인이라는 데에 의견의 일치를 보이고
있다.

생태계 파괴가 원인이라는 관점에서, 코로나19 사태와 같은
대재앙도 『계몽의 변증법』의 시각을 빌려서 해석될 수 있다. 다
시 말해, 자연지배의 변증법을 통해 코로나19 사태가 근본적으
로 해석될 수 있는 것이다. 인간이 외부 자연을 지배하는 외적
자연지배와 이 과정에서 인간이 자신의 본성을 스스로 포기하
는 내적 자연지배의 변증법이 진행되면서 생태계가 파괴되고,
이와 동시에 인간이 자신의 행위에 대해 자기 자각을 하는 성
찰적 태도를 상실함으로써, 오로지 경제적 합리성에만 집착한
결과로 출현한 것이 바로 코로나19와 같은 바이러스라고 볼 수
있기 때문이다.

예컨대 제러미 리프킨의 견해,[2] 곧 인간이 오로지 물질적 풍요, 편리함, 욕망 충족의 극대화만을 추구함으로써 기후 변화를 초래하여 물의 순환 질서를 파괴했기 때문에 바이러스들이 파괴된 질서에서 살아남기 위해 인간에게서 숙주를 찾았다는 견해는 설득력이 크다고 볼 수 있다. 이렇게 볼 때 생태계를 파괴하는 자연지배적 이성을 비판하고 이성의 자기 자각을 주장한 『계몽의 변증법』은 코로나19가 유발하는 대재앙에서도 현재적 중요성을 갖고 있는 고전인 것이다.

매개하는 인식과 통찰의 규모에서 볼 때 코끼리와 같은 모습을 갖고 있는 『계몽의 변증법』을 깊게 들여다보는 것은 다음 기회로 미루고, 코끼리의 윤곽을 보여 주는 책이나마 독자들에게 내놓는다. 이 작은 책이 집필되는 데는 내가 대안연구공동체, 말과 활에서 진행한 『계몽의 변증법』 강독이 큰 도움이 되었다. 고전에 대한 면밀한 강독이 주는 깨우침은 강독을 반복해도 항상 새롭게 다가오면서 인식의 심화에 기여한다. 이 강좌에 참여해 주신 많은 분들께 깊이 감사드린다. 이 책이 출간되는 과

---

2 『경향신문』과의 인터뷰(2020. 5. 14.).

정에서 수고하신 출판사 직원 여러분께 감사의 말씀을 전한다. 마지막으로 험난했던 삶의 과정에서 나를 지켜 준 아내에게 고마움을 전한다.

2021년 10월 운정에서

문 병 호

1장
난해한 고전인 『계몽의 변증법』에 어떻게 접근할 것인가?

1. 고전들의 난해성

고전은 학문이 인식 대상에 대해 성취한 가치 있는 인식, 삶의 지혜, 삶에 대한 반성과 성찰을 시공간을 초월하여 인류에게 제공한다. 고전은 사유하는 존재자인 인간이 인류에게 선물하는 소중한 정신적인 유산이다. 그러나 고전의 반열에 오른 저작들은 쉽게 해독되지 않는다. 고전들은 인간이 사유할 수 있는 능력의 정점을 보여 주는 책들이기 때문에 용이하게 읽히지 않는다.

인간의 삶, 그리고 인간의 삶과 결코 분리될 수 없는 세계, 사회는 복잡하며 복합적이고 모순에 가득 차 있다. 이런 성격을 갖는 인간의 삶, 세계, 사회를 인식하기 위해서는 이에 상응하는 복잡하고도 복합적이며 심오한 통찰력을 갖는 사유가 필요하다. 대다수 고전들은 이러한 사유의 산물이다. 고전들이 담고 있는 의미들의 층은, 인간의 삶, 세계, 사회의 복잡한 성격에 부합하면서, 깊고 다양하다. 그뿐만 아니라 고전들은 보는 시각에 따라 다양하게 해석될 수 있다. 인간의 삶, 세계, 사회는 단순 명료하지도 않고 논리 정연하지도 않기 때문이다.

20세기 서구 사상에서 고전의 지위를 갖는 저작들도 역시 난해하다. 서양 철학의 전통에서 볼 때, 20세기 전반부에 출간된 가장 난해한 저작은 하이데거의 『존재와 시간Sein und Zeit』일 것이다. 『존재와 시간』은 2,500년 정도의 역사를 가진 서양 철학의 중심 주제인 존재에 대해 전적으로 새롭고 매우 난해한 사유를 보여 줌으로써 20세기 서구의 정신사에서 난해한 저작을 대표하는 책이 되었다.

『계몽의 변증법』의 난해성은 『존재와 시간』의 난해성과는 전적으로 다른 성격을 갖고 있다. 20세기 전반부에서 인류의 삶은 이 시대 이전의 인류의 삶에 비해서 더욱 복잡하였고 복합적이었으며, 인류가 과거에 경험하지 못했던 총체적 모순에서 허우적거렸다. 이 모순은 너무 충격적이어서 인류는 어찌할 바를 모르는 절망적인 상태에 빠져들었다. 이러한 상태에 가장 예민하게 반응하면서 이것을 가장 예리하게 표현한 영역이 바로 예술이었다. 카프카, 조이스, 프루스트, 엘리엇, 토마스 만, 피카소, 쇤베르크와 같은 빼어난 예술가들이 20세기 전반부에 출현한 것은 결코 우연이 아니었다.

진보의 상징처럼 여겨졌던 문명은 20세기 전반부에 최악의 타락을 보여 주었다. 예컨대 과학기술, 그리고 인문사회과학에 토대를 두어 창출한 이데올로기를 인간의 대량 살육에 악용한 타락은 과거의 타락들과는 질적으로 다른, 새로운 야만이었고 과거의 타락들에 비해 훨씬 복잡하고 복합적이었다. 이러한 복잡성·복합성·총체적 모순에서 『계몽의 변증법』의 난해성이 발원한다. 이 난해성은 앞에서 예거한 예술가들이 창조한 예술작품들의 난해성과 동질적이다.

『계몽의 변증법』은 최악의 총체적인 모순에서 신음하는 인류의 삶을 목도하면서 인류가 왜 이처럼 비극적인 타락에 빠져들었는가 하는 물음에 답을 하고, 이와 동시에 타락으로부터 벗어날 수 있는 가능성을 제시하기 위해 집필된 책이다. 이 물음에 답을 하기 위해 『계몽의 변증법』은 자연, 인간, 문명, 세계, 사회, 역사에 관련된 중요한 문제들에 대해 복잡하고도 복합적인 사유를 전개한다. 이 사유의 중심에는 물론 철학적 사유가 위치한다. 이와 동시에 사회학, 심리학, 예술, 문학, 종교에서 성취된 사유가 철학적 사유와 결합하면서 사유의 난해성이 극대화되어 있는 책이 바로 『계몽의 변증법』이다. 이 책은 인간에 의해 지배되는 자연, 그리고 문명, 사회, 역사에 대해 비판적 사유를 시도하는 지성인이라면 반드시 읽어야 할 고전이다.

2. 방대한 규모의 인식, 넘치는 통찰, 질적으로 심원한 인식

책머리에서 말했듯이, 『계몽의 변증법』은 그것이 매개하는 인식과 통찰의 규모에서 볼 때 코끼리와 같은 모습을 갖고 있다. 이 책은 자연, 인간, 문명, 세계, 사회, 역사, 권력, 도덕, 지배, 폭력, 불의, 광기, 이데올로기, 문화산업, 계몽, 탈주술화, 자기 보존, 신화, 세속화, 개념 형성, 이성과 도구적 이성, 합리성과 도구적 합리성, 논리와 체계의 발달, 이성의 형식화, 학문과

산업, 집단과 개인, 개인의 폐기 등 인간의 삶에 결정적으로 중요한 주제들에 대한 심오하고도 치열하며 비판적인 사유와 인식을 담고 있다. 이 책은 이러한 사유와 인식을 개별 주제별로 제공하지 않는다. 이 책은 앞에서 예거한 주제들을 상호 관련시키는 복합적인 연관관계에서 사유를 펼친다. 이런 이유 때문에 이 책에 들어 있는 문장들이 난해할 수밖에 없으며, 다층적·다의적·다차원적으로 의미를 매개하는 성격을 갖게 된다.

앞에서 예시한 주제들은 거시적 시각에서 몇몇 예들을 나열한 것에 불과하다. 이 책이 사유와 비판의 대상으로 삼는 중요한 주제들을 상세하게 나열하는 것 자체가 많은 지면을 필요로 할 정도로 이 책은 수많은 주제들에 대한 깊은 인식을 매개한다. 이 사유와 인식은 20세기 후반에 이미 보편적인 설득력을 획득하였고 그 결과 『계몽의 변증법』은 20세기에서 가장 중요한 고전들 중의 하나가 되었다.

『계몽의 변증법』에는 플라톤 이후 서양 철학이 성취한 모든 중요한 인식들, 오귀스트 콩트 이후 전개된 사회학이 일구어놓은 학문적 결실들, 프로이트 심리학과 정신분석 이론이 개척한 새로운 인식, 호메로스, 사드, 빅토르 위고 등 서양 문학의 고전적인 작가들의 작품에 퇴적되어 있는 삶에 대한 성찰, 기독교, 불교 등 동서양 종교에 퇴적되어 있는 지혜 등이 함께 모여 있다.

『계몽의 변증법』은 이처럼 방대한 양의 인식과 넘치는 통찰을 그 내부에 갖고 있고 질적으로는 심원한 인식을 독자에게 매개하는바, 이것 자체로도 이 책은 독자의 접근을 쉽게 허용하지 않는다. 『계몽의 변증법』에 접근하는 것의 어려움은 여기에서 끝나지 않는다.

앞에서 주제의 복합성과 관련하여 말했듯이, 이 책이 매개하는 인식은 다층적·다의적·다차원적이고, 하나의 짧은 문장에 많은 생각들이 농축되어 있다. 이런 성격만 보아도 이 책이 특별하다 할 정도로 난해한 책이라고 말할 수 있다. 『계몽의 변증법』의 난해성은 세계 학계와 지성계, 그리고 일반 독자들에게도 이미 잘 알려져 있다. 난해한 원인들을 분석하려고 시도할 경우에, 이 시도 자체가 한 권의 책이 될 수 있을 것이다. 그러나 이 자리에서는 앞에서 말한 인식의 다층성·다의성·다차원성과 농축체 문장에 대해서는 논외로 한 채 개념, 논리, 체계와 관련하여 발생하는 난해한 원인들을 간략하게 언급하고자 한다. 이어서 나는 독자들을 『계몽의 변증법』의 세계의 핵심으로 안내하기 위해 채택한 관점에 대해 설명하고자 한다.

3. 개념 사용에서의 난해성

일차적으로, 이 책은 개념 사용에서 독자에게 책 읽기의 어려움을 준다. 어떤 특정 개념을 사용하려면 저자는 이 개념에 대해 먼저 근거를 세워야 한다. 다른 말로 하면, 개념 규정은 저자의 입장에서는 독자에 대한 기본적인 예의에 해당한다. 또한 저자는 어떤 특정 개념을 사용하기 전에 앞에서부터 단계를 밟아 그 개념의 사용에 도달함으로써 독자들이 당황하지 않도록 해야 한다. 그러나 『계몽의 변증법』에는 독자에 대한 배려가 전혀 없다.

『계몽의 변증법』에서는 이 책의 제목에 들어 있는 개념인 '계몽'이 서구 사상에서 일반적으로 사용되는 의미가 아니고 이와는 다른 특별한 의미에서 사용된다는 설명이 없이 독자 앞에 나타난다. 『계몽의 변증법』의 제1장에 해당하는 「계몽의 개념」의 맨 앞에서 독자는 "그러나 완벽하게 계몽된 지구는 환호성을 올리는 해악의 기호에서 찬란한 빛을 비추고 있다. 계몽의 프로그램은 세계의 탈주술화脫呪術化였다(DA 7)[3]"라는 구절을 만난다. 독자는 계몽이 왜 해악과 관련이 있는지, 서구 근대에 태동한 사상인 계몽사상의 프로그램이 왜 세계의 탈주술화인지를 알 수 없는 상태에서 당황하지 않을 수 없게 된다. 독자가 전문학자인 경우에도 막스 베버의 탈주술화 테제가 왜 계몽과 관련이 있으며, 탈주술화가 왜 해악과 관련이 있는지를 이해하는 것은 쉽지 않다. 이처럼 『계몽의 변증법』은 시작부터 개념들의 이해에서 독자에게 혼란을 불러일으킨다.

더 나아가 계몽은 문장과 문맥에 따라 다른 의미로 쓰인다. 어떤 맥락에서 계몽은 문명을 타락시키는 주범으로 쓰이고, 어떤 맥락에서는 자기 자각이 된 계몽의 의미에서 사용된다. 독자는 문맥을 보면서 계몽의 의미를 파악하는 수밖에 없다. 계몽이 비판 대상이 되는 개념이면서도 동시에 계몽을 계몽시키

---

3   『계몽의 변증법』의 원전 쪽수를 의미함. 원전의 인용 출처는 이처럼 약식[DA]으로 표기할 것임. 원전은 다음의 판본을 지칭함. Max Horkheimer & Theodor W. Adorno(1971), *Dialektik der Aufklärung, Philosophische Fragmente*, Frankfurt/M.: Fischer Verlag. 이 구절에 대한 상세한 해설은 2장에서 시도할 것임.

는 역할을 해야 한다는 주장을 이해하는 데는 반복적인 독서가 필요하다.

예컨대 아래의 문장에서는 계몽이 두 차례 출현하는바, 이곳에서는 자기 자각이 된 계몽을 의미한다.

> 그러나 계몽이 유토피아의 모든 실체화에 대항하여 승리하고 지배를 두 조각으로 갈라지는 것으로 냉정하게 알림으로써, 주체와 객체의 부서짐은 ―계몽은 이러한 부서짐을 덮어서 감추는 것을 거절한다― 부서짐 자체의 비진실에 대한 지표가 되며, 또한 진실의 지표가 된다. (DA 38-39)

독자들이 이미 알아차렸겠지만, 이 인용문은 극도로 난해하다. 이 구절을 이해하기 위해서는 '계몽에 대한 계몽, 계몽 자체에 대한 계몽, 계몽을 겨냥하는 계몽', 『계몽의 변증법』이 보는 유토피아, 특정상의 형성 금지, 지배, 주체와 객체 사이에서 거리의 발생, 주체와 객체의 분리 등의 개념들을 파악해야 하며, 비진실의 지표 및 진실의 지표와 관련하여 제기하는 주장을 이해하기 위해서는 변증법적 사유에 대해 알고 있어야 한다. 독자가 이러한 모든 개념을 충분히 파악하고 변증법적 사유를 이해할 때만이 이 문장이 매개하는 최종적인 의미가 독자에게 드러난다.

계몽의 개념과 관련하여 앞에서 시도한 간단한 해설에서 드러나듯이, 독자가 『계몽의 변증법』이 왜 계몽 자체에 대한 계몽, 계몽의 자기 자각, 계몽을 통한 계몽을 주장하는가를 파악하기 위해서는 집요한 독서를 통해 개념을 이해하는 것이 필수적이다. 앞에서 말했듯이 『계몽의 변증법』은 철학, 사회학, 심리학에서 성취된 학문적 인식들, 문학작품들과 종교가 매개하는 지혜들을 초학제적으로 결합하여 문명의 타락에 대해 답을 시도하는 책이며, 이러한 방식은 계몽이 무엇인가 하는 물음에도 역시 적용되기 때문이다.

이성도 문장과 문맥에 따라 다른 의미로 사용된다. 저자가 '이성'과 '도구적 이성'을 명백하게 구분하여 표기해야만 독자는 책 읽기의 어려움을 경감할 수 있다. 그러나 호르크하이머와 아도르노는 도구적 이성이라고 명백하게 밝혀야 하는 곳에서도 그냥 이성이라고 표기함으로써 독자를 혼란에 빠트린다. 독자는 이성으로 표기된 단어가 이성을 의미하는지 또는 도구적 이성을 의미하는지를 문맥에 따라 파악하는 수밖에 없다. 예컨 대 "주체 내부에서 본성을 기억해 내는 것Eingedenken der Natur im Subjekt(DA 39)"[4]과 같은 개념은 이성의 자기 자각과 동일한 개념 이다. 이성의 자기 자각이라는 표현을 사용하지 않고 이러한 표현을 사용하는 데에서 독자는 당혹하지 않을 수 없다.

개념 사용에서의 난해성은 자연Natur에도 해당된다. 이 단어 가 원래부터 있는 것을 의미하는 외부 자연을 의미하는지 또는 인간의 본성을 의미하는지를 독자가 파악하는 것은 쉽지 않다. 이러한 어려움은 자연지배Naturbeherschung에서 더욱 가중된다. 독자는 이 단어가 인간이 외부 자연을 지배하는 외적 자연지배 인지 또는 인간이 자신의 주체를 스스로 포기하는 내적 자연지 배인지를 문맥에서 파악하는 수밖에 없다.

예컨대 "자연지배는 다음과 같은 범위, 곧 칸트의 순수이성비 판이 사고를 제한된 범위 안으로 들어오도록 강제로 묶어 두었 던 범위가 그것 스스로 계속해서 작동하게끔 한다(DA 27)"에서 의 자연지배는 외적 자연지배를 의미한다. 그 밖에도, 이 문장

---

4 계몽에 대한 계몽과 이성의 자기 자각에 대해서는 6장에서 더 자세히 살펴볼 것임.

은 서구 학계에서 1970년대까지도 이해되지 못한 채 머물러 있었다. 알브레히트 벨머Albrecht Wellmer가 이 문장의 학문적 의미를 본격적으로 해석하기 전에는 이 문장의 의미가 미궁에 빠져 있었던 것이다. 이 문장의 의미를 최소한이라도 이해하기 위해서는 계몽과 자연지배의 관계,『계몽의 변증법』이 볼 때는 칸트 철학이 자연지배의 가속화에 책임이 있다는 시각을 먼저 파악해야 한다.

『계몽의 변증법』은 변증법 개념과 관련해서도 혼란을 불러일으킨다. 이 책이 생각하는 변증법은 헤겔의 변증법 개념과는 많은 차이가 있음에도, 변증법이 무엇인가에 대해 아무런 설명이 없이 독자 앞에 이 개념을 출현시킨다.『계몽의 변증법』이 의도하는 변증법은 부정의 부정도 역시 부정이 되어야 한다는 **부정의 변증법**이다. 다시 말해, 이 변증법은 항구적인 부정을 추구하는 변증법이며, 잘 알려진 대로 아도르노는 이를『부정 변증법』에서 정초하였다.

독자에게 다가오는 이러한 어려움을 넘어서기 위해서 독자는『계몽의 변증법』을 인내심을 갖고 반복해서 읽어 보는 수밖에 없다. 반복해서 통독했을 때만이 계몽의 의미, 변증법의 의미가 독자에게 다가온다. 이 자리에서 말해도 된다면, 나는 이 책을 대략 100번 이상 읽었고 수많은 관련 연구문헌들을 보았음에도 지금도 내게 여전히 난해하다.

앞에서 든 예들은 개념 사용에서의 난해성에 대한 몇 가지 예들에 불과하다. 나는 『계몽의 변증법』이 개념 사용에서 난해성을 보이는 것은 특별한 이유가 있다고 본다. 이 책이 인류에게 계몽을 호소하기 위해 집필된 책이기 때문이다. 이 책은 책 읽기 면에서 독자의 발목을 잡으면서, 독자로 하여금 이 책이 주장하는 내용에 대해 깊게 사유하고 반성적 성찰을 행하도록 요구한다.

세계에 대해 비판적인 성찰을 할 수 있는 독자가 많으면 많을수록 인류가 불행에서 벗어나 행복으로 향할 수 있는 가능성이 높아진다고 보는 것은 『계몽의 변증법』이 갖고 있는 확신이다. 실제적으로도, 이 책은 68혁명의 발발, 68혁명의 연장선에서 1970년대 이후 서구사회에서 성취된 정치적·사회적·문화적 영역에서의 진보에 크게 기여하였다. 『계몽의 변증법』은 서구사회에서 시민들을 깨어나게 하는 데 크게 도움을 주었던 것이다. 특히 1970년대 이후의 옛 서독, 오늘날의 독일에서 이 책이

휴머니티의 진보에 크게 기여하였다는 사실은 경험적으로 확인되고 있다. 이는『계몽의 변증법』이 인간으로 하여금 문명의 부정성, 사회 속 불의의 연관관계에 대해 끊임없이 사유하도록 하는 촉매제 역할을 하기 때문이다.

어떤 개념을 어떤 의미에서 어떻게 사용한다는 저자의 언급이 없이 갑자기 독자 앞에 출현하는 개념은 독자의 발목을 잡으면서 독서의 진전을 방해한다.『계몽의 변증법』에서는 개념들이 이런 방식으로 출현하는 경우가 허다하다. 개념을 사용할 때는 원칙적으로 개념 규정을 먼저 시도해야 한다. 이렇게 하는 것은 독자가 개념 파악에서 혼란에 처하지 않도록 하기 위함이다. 개념들은 또한 논리적이고 체계적인 단계에 따라 사용되는 것이 원칙이다.『계몽의 변증법』은 이런 원칙들을 전혀 따르지 않는다. 글쓰기에서 개념의 점진적인 사용, 개념 사용에서 논리와 체계의 확립을 지키지 않는다. 이 책의 이러한 성격은 이 책의 난해성에 일조한다.

이런 까닭에서, 나는 이 책에서 가장 중요한 개념들을 단계적으로 안내하는 방식으로 안내서를 집필을 하려고 한다. 이 방식을 채택할 때 독자들은『계몽의 변증법』이 문명의 타락 과정을 비판한 책이라는 것을 비교적 쉽게 이해할 수 있을 것이다. 첫 번째 개념은 원시제전이 될 것이며 최종 개념은 호르크하이머와 아도르노가 계몽의 마지막 산물이라고 시칭한 실증주의에 대한 비판이 될 것이다. 독자들이 이 문고판의 끝에 이르러 '『계몽의 변증법』은 이런 중요한 주제들을 이런 개념들을 통해 다루는 책이구나' 하는 정도를 느끼게 된다면, 나의 집필 의도는 일단은 성공에 이르는 셈이다.

4. 논리 구성의 거부로 인한 난해성

『계몽의 변증법』에는 모든 책의 집필에서 반드시 필요한 요건인 논리의 구성이 없다. 저자는 개념들을 통해 구성한 논리에 근거하여 다음의 논리로 넘어가는 것이 독자에 대한 예의일 것이다. 그러나『계몽의 변증법』에서는 이 책을 모두 읽었을 때 비로소 이해되는 논리가 아무런 사전 논리가 없는 상태에서 아무 자리에서나 갑자기 출현한다. 단락 내부에도 사유의 논리적인 전개가 없다. 주장이 논리적 맥락에서 제기되지 않고 독자에게 충격을 주기 위해 갑자기 개진되는 경우도 허다하게 발생한다.

어떤 단락 내부에 들어 있는 문장들은 이 단락이 매개하고자 하는 인식에서 유기적으로 결합되어 있어야 함에도,『계몽의 변증법』은 이러한 글쓰기를 거부한다. 이것은 독자를 혼란에 빠트리면서 독자의 발목을 잡은 채 독자에게 책읽기의 고통을 준다. 바로 이것을『계몽의 변증법』은 겨냥한다. 인간이 책읽기의 고통을 통해 스스로 깨어나는 것, 바로 이것이『계몽의 변증법』이 의도하는 목표이다.

논리 구성의 거부는 이 책의 제목에 들어 있는 개념인 계몽에 대한 이해를 어렵게 한다. 호르크하이머와 아도르노가 그들이 사용하는 계몽의 개념에 대해 개념 규정을 통해 명확하게 입장을 밝힌 후, 계몽이 자연을 파괴하고 인간을 사회의 지배에 예속시키는 불의와 해악을 저질러 왔다는 것을 독자로 하여금 납득할 수 있도록 논리적으로 서술하는 단계를 밟고 나서 "그러나 완벽하게 계몽된 지구는 환호성을 올리는 해악의 기호에서 찬란한 빛을 비추고 있다. 계몽의 프로그램은 세계의 탈주술화였다(DA 7)"는 주장을 제기하였다면, 독자는 두 저자가 논리적으로 제공하는 단계적 사유를 따라가면서 이 주장을 이해할 수 있을 것이다. 그러나『계몽의 변증법』에는 논리적이고 단계적인 사유가 없다. 결론으로서 도출되어야 하는 내용을 맨 앞에 불쑥 들이대는가 하면, 서론에서 언급되어야 할 내용이 논의의 중간에 나오기도 한다.

『계몽의 변증법』이 독자를 책읽기의 곤경에 빠트리는 것은 이 책이 논리에 적대적이기 때문이다. 심하게 말한다면, 이 책은 논리를 혐오한다. 예컨대 나치즘과 같은 지배 체제는 형식화된 논리가 완벽하게 구축된 형태이다. 이처럼 구축된 것이 자행하는 것은 무한 폭력이다. 따라서 『계몽의 변증법』은 형식화된 논리가, 곧 수학, 철학 등의 학문, 법률과 같은 기술과 결합하여 구축된 형식화된 논리가 자행하는 폭력을 본격적으로, 그리고 가장 치열하게 비판한 책이기도 하다.

나는 논리에 적대적인 책인 『계몽의 변증법』을 독자들에게 논리적으로 설명해야 하는 어려운 입장에 놓이게 된다. 이 문제를 해결하기 위해, 나는 『계몽의 변증법』이 시도하는 문명 비판에서 결정적으로 중요한 논리를 자연과 인간의 접촉, 문명의 태동, 사회의 시작에서부터 출발하여 독자들에게 단계적으로 안내하려고 한다. 나는 『계몽의 변증법』이 시도한 문명 비판, 이 책이 도구적 이성의 관점을 통해 시도한 문명의 재구성, 곧 문명의 타락 과정을 자연-인간-문명-사회-역사의 관계에서 핵심적으로 해설하는 선에서 만족하는 수밖에 없다. 이 관계에는 이 책을 구성하는 모든 개념이 연결되어 있으며, 『계몽의 변증법』이 매개하는 핵심적 인식들이 이 관계에서 대체로 해명될 수 있기 때문이다.

『계몽의 변증법』은, 동서양의 모든 고전이 그렇듯이, 여러 얼굴을 가진 책이다. 이 책에 대한 해석 가능성은 거의 무궁무진하다고 말할 수 있다. 그럼에도 내가 채택하는 해설 방식은 독자들을 이 책의 세계로 안내하는 것에서 하나의 의미 있는 방식이 될 것이라고 본다. 이 해설이라도 성공에 이른다면, 작은 문고판에 부여된 의무는 충족되는 셈이다.

5. 개념과 논리를 통해 구축하는 체계의 거부로 인한 난해성

『계몽의 변증법』에는 개념과 논리에 의해 구축된 어떠한 체계도 존재하지 않는다. 이 책은 체계에 적대적이다. 인간이 만든 체계가 자연과 인간에게 가하는 폭력을 비판하는 책이기 때문이다. 체계에 적대적인 이러한 성격은 나중에 아도르노의

『부정변증법』에서 더욱 구체화된다. 그는 이 책에서 반反체계에 대해 치열한 사유를 보여 준다. 그렇다고 해서 아도르노가 체계를 포기한 것은 아니다. 이는 이성을 비판한 그가 이성을 포기하지 않은 것과 마찬가지이다. 그가 의도하는 것은 반체계적인 체계이며, 그는 이를 체계의 '이율배반적 성격'이라고 명명하였다.

『계몽의 변증법』이 서술에서는 체계에 적대적임에도 불구하고, 최종적으로 볼 때 이 책에는 개념과 논리를 통해 구축된 체계가 존재한다고 말할 수 있다. 이 체계가 갖는 최종적인 의미는 문명의 타락사에 대한 인식과 비판, 계몽의 자기파괴 과정에 대한 인식과 계몽의 자기 자각, 이성의 타락에 대한 비판적 인식과 이성의 자기 자각이다. 독자들이 나의 작은 문고판을 읽고 이 의미를 이해하게 된다면 나로서는 더할 나위 없이 기쁜 일이다.

계몽과 신화의 변증법적 착종錯綜관계는 『계몽의 변증법』을 관통하는 핵심적인 사유에 해당한다. 계몽과 신화가 변증법적으로 얽히고설키는 과정이 곧 문명의 타락 과정이다. 호르크하이머와 아도르노는 이 변증법을 개념의 단계적 사용, 논리의 구성, 체계의 구축을 통해 독자에게 설명하지 않는다. 두 저자는 세 가지 요소를 모두 배제한 채 계몽이 신화가 되었다는 이야기를 들려준다. 이러한 이유 때문에, 계몽과 신화의 변증법은 『계몽의 변증법』이 보여 주는 가장 핵심적인 사유임에도 불구하고 독자가 『계몽의 변증법』의 세계에 들어가는 것을 저해하는 원인들 중에서 단연 첫 번째 원인이 된다.

앞에서 말한 것처럼, 『계몽의 변증법』은 개념 사용에서 파격을 보이고 논리와 체계를 거부하지만, 독자의 입장에서는 개념, 논리, 체계의 도움을 받아서 계몽과 신화의 변증법을 이해하는 수밖에 없다. 이 변증법이 갖는 결정적으로 중요한 의미 때문에, 나는 이 변증법을 독자들에게 해설하는 일에 큰 비중을 두려고 한다. 이것은 3장에서 시도될 것이다. 독자들이 나의 해설에 힘입어 계몽과 신화의 변증법의 요체를 이해하게 된다면, 이 작은 문고판을 출간하는 의미가 적지 않을 것이다.

『계몽의 변증법』이 개념의 사용, 논리의 구성, 체계의 구축에서 서양 철학의 전통을 전혀 따르지 않는 것은 특별한 이유가 있다. 호르크하이머와 아도르노가 파시즘, 나치즘을 경험하고 미국 망명 시 2차 세계대전과 같은 극한적인 참극을 보면서 개념, 논리, 체계에 의해 닫힌 지배 체제가 이러한 참극들을 유발했다고 보았기 때문이다. 따라서 두 저자에게는 인류를 개념, 논리, 체계가 구축한 닫힌 체계로서의 진제주의적 지배 체제의 덫으로부터 구출하는 것이 절박한 과제였다.

『계몽의 변증법』은 독자들이 이 책을 읽고 또 읽으며 서로 토론함으로써 인간을 불의와 불행에 빠트린 계몽의 덫에서 벗어나 진정한 계몽에 이르게 되기를 바라는 책이다. 독자를 개념, 논리, 체계에 묶어 두지 않으면서 독자가 문명의 타락사를 인식하고 이성의 자기 자각에 이르게 되기를 바라는 책인 것이다.

6. 글쓰기 형식으로서의 에세이, 성좌적 배열

개념, 논리, 체계를 통한 의미 매개, 인식, 설득력 확보를 거부하는 『계몽의 변증법』은 그렇다면 어떤 형식으로 의미와 인식을 매개하는가? 논리적 서술 형식을 거부한 이 책이 채택한 글쓰기 형식이 바로 에세이이다. 니체에서 본격적으로 발원하여 짐멜, 루카치, 벤야민을 거쳐 아도르노에서 정점에 도달한

에세이 형식은『계몽의 변증법』전체에 걸쳐 나타난다. 에세이는 개념, 논리, 체계가 사물(태)을 지배하는 폭력으로부터 벗어나 있는 자유로운 글쓰기 형식이기도 하기 때문에, 이 책의 두 저자는 에세이 형식을 통해 자신들의 사유를 펼치고 있는 것이다.

에세이 형식과 함께 특히 아도르노의 거의 모든 글에서 등장하는 것이 성좌星座적 배열Konstellation이다. 이 개념은 1931년에 약관 28세의 아도르노가 개시한 기념 강연인「철학의 현재적 중요성」에서 대상을 대상 그대로 인식하여 대상이 의미를 내보이도록 하는 방식으로 철학을 실행해야 한다는 원칙을 세우면서 제시한 개념이다. 그는 성좌적 배열 이외에도 소집단화, 특정한 방식으로 정리를 시도해 보는 것, 구성을 함께 제시하였다. 성좌적 배열은 벤야민으로부터 유래하며, 어떤 특정한 별은 그 별이 다른 별들과 함께 형성하는 배열로부터 파악될 수 있다는 생각을 담고 있다. 성좌적 배열은 따라서 '사물들이 함께 만나는 관계들에서 생기는 전체 형상으로부터 사물을 파악하는 것'을 의미한다.[5]

아도르노는 성좌적 배열의 개념에 들어 있는 이러한 성격을 글쓰기에도 적용한다. 예를 들어 계몽이 저지르는 폭력에 대해 하나의 단락을 구성할 때, 그는 논리적인 단계를 밟아 계몽의 폭력이 독자들에게 전달되도록 하는 방식을 사용하지 않는다. 그는 하나의 단락에 들어 있는 각 문장들이, 별자리에서의 특정한 별들이 전체 별자리와 관계를 맺는 것처럼 바로 그렇게, 각 문장들이 구성하는 전체 의미로부터 그 의미가 드러나도록 하는 방식으로 글을 쓴다. 이렇기 때문에 첫 문장에 결론적 언급이 나오는가 하면, 통상적인 글쓰기에서는 단락의 앞부분에 위치해야 할 문장들이 중간에 나오기도 하고 맨 뒤에 나오기도 한다.

성좌적 배열은 사물들이 개념에 의해 일방적으로 규정되는 것을 거부하기 위한 사유의 방법인바, 아도르노는 이 방법을 글쓰기에도 적용하고 있는 것이다. 어떤 단락이 성좌적 배열의 방법을 적용하여 구성된 경우, 독자는 이 단락을 하나의 큰 그림처럼 바라보면서 각 문장들이 큰 그림과 어떤 관계를 맺고

---

5   더 자세한 내용은 다음의 자리를 참조. 문병호(2001), 『아도르노의 사회 이론과 예술 이론』(2쇄), 서울: 문학과지성사, 143쪽 이하.

있는가를 파악하면서 이 단락을 읽어야 한다. 아도르노가 글쓰기에서 이런 방식을 사용한 것은 독자들을 글에 붙들어 두면서 독자들로 하여금 사유를 하도록 유도하기 위함이다.

앞에서 논의한 『계몽의 변증법』에 내재하는 여러 가지의 난해성, 이 책이 갖고 있는 다양한 얼굴과 이에 따른 다양한 해석 가능성은 이 책이 매개하는 인식을 독자에게 전달하는 데 커다란 장애가 된다. 이러한 장애를 극복하기 위해 나는 이 책이 자연-인간-문명-사회관계에서 전개되어 온 문명의 타락사를 이야기하는 책이라는 관점을 채택하였다. 이 관점 아래에서 나는 이 책이 거부하는 개념, 논리, 체계를 사용하여 독자들을 이 책의 핵심으로 지금부터 안내하고자 한다.

7. 한국어 번역본에 대해

안내하기에 앞서서 한국의 독자들에게 말해 두고 싶은 것이 있다. 앞에서 간략하게 살펴본 것처럼 『계몽의 변증법』은 독자들에게 읽히기를 거부할 정도의 난해성을 갖고 있는바, 이러한 고전의 번역본이 독일어를 모르는 독자들에게 다가갈 수 있도록 하기 위해서는 번역의 완성도가 높아야 하고 특히 오역이 거의 없어야 한다. 그럼에도 현재 국내에 나와 있는 번역본은 내가 보기에 오역이 너무 많아 그렇지 않아도 난해한 책의 해독을 더욱 어렵게 하고 있다. 아도르노 사상을 전공한 전문 학자들도 이구동성으로 오역의 심각성을 지적하고 있다. 오역이 너무 많은 번역본은 수정되지 않은 채 20여 년 이상 존속되고 있으며, 이 번역본을 통해『계몽의 변증법』의 세계에 들어가 보려고 시도하였던 몇몇 독자들은 나에게 책이 너무 어려워 도저히 이해할 수 없었다고 토로하였다. 이 책은 원래 난해한 책이지만, 오역도 독자들이 당하는 이러한 고통에 큰 책임이 있음은 자명하다고 할 것이다. 오역을 구체적으로 지적하는 것은 내 입장에서는 방대한 일에 속한다.『계몽의 변증법』의 한국어 번역판 출판과 관련하여 나와 특정 출판사 사이에 비이성적인 사태가 있었지만 이에 대해서는 말을 아끼기로 한다.

서구 문명의 모든 부정적인 성격을 근원적으로 성찰한『계몽의 변증법』은 서구 문명을 받아들여 이 문명의 틀에서 작동하고 있는 한국 사회가 더 좋은 사회로 나아가기 위해서도 매우 중요한 고전이기 때문에, 이 책의 오역에 대해서는 학계에서 공개적으로 문제 제기가 되어야 할 것이다. 내가 알기에 서구의 중요 고전들 중 몇몇의 오역 문제가 발생하여 일부는 문제를 개선한 새로운 번역판의 출판으로 이어졌다. 예컨대 한국체계이론학회는 니클라스 루만Niklas Luhmann의 주저작인 『사회체계들Soziale Systeme』의 번역에서 발생한 오역에 대해 학회 차원에서 오역을 개선하는 작업을 벌이고 있다.

나는 『계몽의 변증법』의 현재 한국어 번역판을 통해서는 이 책의 세계에 진입할 수 없다는 입장을 가고 있다, 독일어 원전을 읽는 것이 이 책을 제대로 읽는 길이지만, 독일어를 해독할 수 없는 독자들은 스탠포드대학 출판부에서 나온 영어 번역판을 읽는 것도 하나의 대안이 될 수 있다. 미국에서도 『계몽의 변증법』의 오역 시비가 있었으며, 시비 과정을 거쳐 위의 영역본이 현재로서는 정본으로 자리매김되어 있다.

2장
자연과 인간의 접촉, 문명과 사회의 전개

1. 『계몽의 변증법』에 다가가는 첫걸음,
"인류는 왜 새로운 종류의 야만 상태에 빠져드는가?"

나는 책머리에서 『계몽의 변증법』이 전체주의적 지배 체계가 자행하는 불의와 폭력의 산물만은 아니라는 점을 언급하였다. 이 책은 문명의 타락, 좁게 말한다면 서구 문명의 타락에 대한 비판이며, 더 나아가 인류가 이 타락으로부터 벗어날 수 있는 가능성을 찾는 책이다. 이것은 이 책이 제기한 유명한 물음에서 곧바로 드러난다. 이 물음 제기를 들여다보는 것은 『계몽의 변증법』을 이해하기 위한 첫걸음이 된다.

호르크하이머와 아도르노는 이 책이 문명의 타락을 겨냥하고 있음을 1947년의 초판본의 머리말에서 명백하게 밝히고 있다. 전 세계 지성인들과 교양인들에게 너무 잘 알려진 유명한 물음 제기는 다음과 같다.

"우리가 설정한 과제는 인류가 참된 인간애적인 상태로 들어서기보다는 왜 새로운 종류의 야만 상태에 빠져드는가 하는 인식이었다." (DA 1)

이 구절은 프랑크푸르트학파의 연구에 관련된 거의 모든 문헌에서 인용될 정도로 유명한 구절이다. 이 물음 제기는 그것 자체로서 『계몽의 변증법』과 프랑크푸르트학파가 의도하는 바가 무엇인가를 단적으로 보여 준다. 프랑크푸르트학파는 이 물음에 답하기 위해 오늘날까지 100년 가까이 활동하고 있는 학파라고 볼 수 있다. 두 저자가 볼 때, "새로운 종류의 야만 상태에 빠져드는" 타락이 바로 문명의 타락이다. 이 표현에는, '문명이 어느 지점에서 어떤 종류의 타락을 보인 후 타락의 진화가 이루어져 새로운 종류의 타락으로 이어졌다'는 생각이 들어 있다.

20세기 전반에 파시즘[6]의 형식으로 출현한 새로운 야만 상태의 잔혹하고 기이하며 충격적인 모습을 목격한 호르크하이머와 아도르노는 어떻게 해서 문명이 이처럼 타락하게 되었는가를 밝히고자 2차 세계대전 중에 미국에서 『계몽의 변증법』을 집필할 계획을 세웠던 것이다.

 이곳에서 말하는 "새로운 종류의 야만 상태"는 진보의 상징인 학문과 자연과학, 기술이 결합하여 유발하는 타락을 지칭한다. 학문과 자연과학, 기술은 인류를 참된 인간적인 상태로 인도하기는커녕 스스로 파괴의 도구로 전락하면서 대량 살육, 2차 세계대전과 같은 대재앙을 유발하였다는 문명 비판이 "새

---

[6] 파시즘은 일반적인 전체로서 기능하는 국가가 그 구성원들을 일방적으로 감시·통제·관리·지배·폐기하는 전체주의적인 지배 체제를 총칭하는 개념이다. 파시즘은 원래 이탈리아의 무솔리니가 구축한 독재적 지배 체제이지만, 1920년대 이후 총통의 지도 원리 아래 지배 이데올로기와 함께 작동되는 극단적으로 민족주의적이고 반자유주의적인 지배 체제를 지칭하는 개념으로 되었다. 파시즘은 유럽 지역 이외에서도 창궐하였다. 아프리카, 아시아, 남미의 여러 국가에서 20세기 전반부와 후반부에 군사 독재의 형식을 띤 파시즘이 출현하여 폭력을 자행한 것이다. 나치즘은 학문적으로는 크게 보아 파시즘의 한 형식이지만, 나치즘이 자행한 극단적인 폭력, 광기, 이데올로기, 선전 선동, 이탈리아의 파시즘과는 비교할 수 없는 지배 형식의 정교함 등을 강조하는 의미에서 나치즘을 따로 언급할 수도 있다. 나는 이 책에서 파시즘, 나치즘을 매번 병기하여 언급할 것이다.

로운 종류의 야만 상태"라는 표현에 들어 있는 것이다.

"새로운 종류의 야만 상태"는 '지혜의 사랑philosophia'이라는 어원을 가진 철학을 포함하여 여러 학문이 공동으로 만들어 내는 종족 이데올로기를 통해 대량 살육을 자행하는 행위, 전체주의적 지배 체제는 법의 이름으로 대량 살육을 자행하는바 법률학이 지배의 도구가 되어 이러한 불의를 저지르는 행위, 생물학이 개발한 세균을 전쟁에 투입하는 행위, 화학이 개발한 독가스로 대량 살상을 자행하는 행위, 진보한 물리학의 부정적인 산물인 핵무기의 투하처럼 1차 세계대전과 2차 세계대전 이전에는 존재하지 않았던 ―자연과학의 진보가 연루된― 잔혹한 대량 살상 행위들이 유발하는 상태를 특히 지칭한다고 볼 수 있다.

문명의 타락의 관점에서 볼 때, 『계몽의 변증법』에 이처럼 "새로운 야만 상태"는 20세기 전반부에만 국한되어 출현한 상태가 아니다. 야만 상태는 문명의 타락 과정에서 매번 새로운 형식으로 출현하였다. 예컨대 인간의 영혼을 구원한다는 종교가 대규모 전쟁을 유발하는 행위, 면죄부를 판매하는 행위, 토머스 홉스의 경우처럼 철학에서의 인식의 진보를 지배 체제의 절대적 구축에 이용하는 행위, 활 대신에 총을 사용하여 사람을 살해하는 행위는 이러한 행위들이 존재하지 않았던 시대와 비교해 볼 때 새로운 야만이라고 볼 수 있다. 다만 20세기 전반에 인류가 경험한 특별하게 새로운 야만 상태는, 과거의 야만과 비교해 볼 때, 야만의 새로움 창출에 철학, 법률학을 포함한 여러 학문과 무엇보다도 특히 자연과학, 자연과학의 발달을 이용한 대량 살상 무기 개발에 기술이 시중을 들었다는 점이 특별히 중요하다고 볼 수 있다.

『계몽의 변증법』의 물음 제기는 오늘날의 시대상황에서도 통용성을 갖는다. 예컨대 우리는 다음과 같은 물음을 던질 수 있다. "인류는 정보통신 공학IT, 생명 공학BT, 나노 공학NT, 우주 공학ST, 환경 공학ET, 문화산업 테크놀로지CT 등 첨단 테크놀로지들에 이어서 인공지능AI, 사물인터넷IoT, 빅데이터 등 새로운 테크놀로지들의 비약적인 발전에도 불구하고 왜 참된 인간애적인 상태로 진입하지 못하고 극단적인 양극화, 불안의 심화 등 새로운 종류의 야만 상태에 빠져드는가? 그 결과 지구에서 살고 있는 절대 다수의 무력한 개별 인간들은 왜 불안과 불행에 시달리는가?"와 같은 물음은 극단적인 양극화와 물신주의에 신음하는 오늘날의 시대상황에 제기되는 중요한 물음이다. 이는『계몽의 변증법』이 제기하는 물음과 동질적이다.

예컨대 한국 사회와 한국 문명은 그것의 부정성을 나타내는 용어들을 일일이 나열할 수 없을 정도로 "새로운 종류의 야만 상태"에 처해 있다. 한국 사회가 양극화 사회, 불안 사회, 위험 사회라는 데 이의를 제기하는 사람은 거의 없을 것이다. 심지어는 전투 사회, 피로 사회, 과로 사회, 영어계급 사회, 탈신뢰 사회[7]라는 용어까지 등장하고 있으며, 불평등 세습 사회, 격돌 사회, 격차 사회[8]와 같은 용어들이 한국 사회의 부정성을 고발하고 있다. 이러한 모든 부정적인 용어는 한국 사회와 한국 문명이 인류 역사상 유례가 없는 단기간에 고도의 경제성장을 성취하였음에도 "참된 인간애적인 상태"로 진입하지 못하고 "새로운 종류의 야만 상태"에 빠져든 사회이자 문명임을 알 수 있다.

이렇게 볼 때, "새로운 야만 상태에 빠져드는" 문명에 대한 인

---

7 2014년 10월 4일 자『경향신문』에는 한국 사회의 부정성을 표현하는 갖은 종류의 용어들이 출현한다.

8 이에 대해서는 다음의 책을 참조. 송호근(2015),『나는 시민인가?』, 파주: 문학동네.

식과 비판에서 『계몽의 변증법』이 인류에게 남겨 놓은 정신적 유산의 가치는 오늘날의 시대상황에서도, 지역을 뛰어넘어, 소중하다.

2장 1절의 시작에서 물음을 제기한 『계몽의 변증법』은 독자들에게 '원시제전에서 태동한 문명이 어떻게 타락의 과정을 밟아 왔으며, 마침내 파시즘, 나치즘처럼 전체주의적 지배 체제와 같은 총체적 불의의 연관관계에 이르렀는가?'라는 이야기를 하듯이 암울하게 들려준다. 문명사는 일반적으로 진보의 역사로 인정되지만, 『계몽의 변증법』에서 문명사는 타락의 역사이다.

전체주의적 지배 체제는 이탈리아의 파시즘, 나치즘, 일본 군국주의 등에서 끝나지 않았고 옛 소련과 옛 동구권의 현실 사회주의, 중국, 아시아, 아프리카, 남미 대륙, 북한 등에서도 이어졌다. 한국을 1960년대 이후 30년 넘게 지배했던 군사독재 정권이 전체주의적 지배 체제에 해당된다는 것에 대해 이의를 제기하기는 쉽지 않다.

호르크하이머와 아도르노는 『계몽의 변증법』이 1969년 4월에 새로 출간될 때 2쪽 분량의 짧은 머리글을 썼다. 이 글에서 그들은 『계몽의 변증법』의 통용성에 대해 다음과 같이 주장한다.

"서로 충돌하게끔 객관적으로 압박을 받게 되는, 양극 체제로의 정치적 균열의 시대[9]에서도 공포는 지속되었다. 제3세계에서의 갈등과 새로 발흥하는 전체주의는, '변증법'에 따르면, 당시의 파시즘이 역사적 우연들이 아니었듯이 단순한 우연만은 아니다. 진보 앞에서 정지하지 않는 비판적 사유는 자유의 잔재, 진정한 의미의 인간성에의 경향에 대한 —이것들이 거대한 역사적 흐름에서 보았을 때는 무력하게 보이는 것 같지만— 간섭을 오늘날 요구하고 있다." (DA iv)

이처럼 『계몽의 변증법』은 전체주의적 지배 체제가 단순한 역사적 우연이 아님을 주장하며, 비판적 사유가 현실에 대해 간섭해야 하는 필연성을 강조한다.

전체주의적 지배 체제는 전체가 일방적으로 설정하는 목적

---

9 미국과 옛 소련의 대립으로 상징되었던 냉전 체제를 의미함.

과 이해관계가 개별적인 것들에 대해 절대적인 우위를 점하는 체계이며, 사회의 형식으로 출현하는 전체가 개별 인간을 ―대부분의 경우, 전체를 지배하는 극소수의 지배자들이 생산하는 이데올로기들을 통해서― 감시·관리·통제·지배·폐기하는 체계이다. 개별 인간은 전체가 체제의 작동을 위해 부여한 기능과 역할을 수동적으로 떠맡을 뿐, 체제의 형성에 참여할 수 없다. 체제에 대해 저항하는 것은 생명을 박탈당하는 것을 의미한다.

전체주의적 지배 체제는 오늘날에도 역시 지구 전체에 걸쳐 출현하고 있다. 그 형식이 바뀌었을 뿐이다. 파시즘과 같은 지배 체제가 이 체계에 포획된 개별 인간들을 이데올로기와 전쟁 등을 통해 감시·관리·통제·지배·폐기하였다면, 오늘날 지구 전체를 빈틈이 없이 장악하고 있는 자본권력은 이 권력에 포획된 개별 인간들을 이윤 추구의 극대화와 효율성 등을 성취하기 위해 여전히 관리·통제·지배·폐기하고 있다. 개별 인간은 자본권력이 구축한 전체주의적 지배 체제에 적응해야만 자기 자신을 보존할 수 있다. 개별 인간이 이 체제에 저항하면, 자본권력은 해고를 통해 개별 인간을 폐기한다.

자본권력의 지배 아래 놓여 있는 IT와 인공지능 등은 개별 인간들을 더욱 완벽하게 관리하고 통제하며, 자본권력은 개별 인간이 이 권력의 이해관계를 충족하지 못하면 곧바로 폐기한다. 이른바 비정규직 고용의 일반화, 프레카리아트precariat의 폭발적인 증대와 일반화 경향, 자본권력의 이해관계에 따라 어느 때나 아무런 조건이 없이 자행되는 해고, 대량실업 등은 자본권력이 개별 인간을 관리·지배·폐기하는 새로운 형식이라고 볼 수 있다. 따라서 이데올로기와 군사력이 구축하는 전체주의적 지배 체제가 자본권력이 설치하는 전체주의적 지배 체제로 바뀐 것을 보여 주는 것이 오늘날의 시대상황이다. 『계몽의 변증법』이 볼 때는, 바로 이러한 시대상황도 역시 문명의 타락을 입증하는 상황에 해당한다.

이렇게 볼 때, 문명의 타락은 보편적이다. 바로 이 점이 『계몽의 변증법』을 제대로 이해하는 데 결정적으로 중요하다. 문명은 인간이 자연에 대해 접촉을 시도한 행위, 그리고 이 행위와 함께 설치되는 사회에서 발생한 산물이기 때문에 문명의 타락 과정을 이해하려면 자연-인간-사회의 관계를 먼저 살펴보아야 한다. 『계몽의 변증법』에는 이 관계에 대한 사유가 변증법적으로, 그리고 매우 복합적으로 진행되어 있다. 이 사유를 이해하는 것이 이 책의 세계에 들어가는 지름길이라고 말할 수 있다. 자연-인간-사회의 관계 중에서 먼저 자연과 인간의 관계를 살펴보기로 한다.

2. 자연에의 맹목적 종속 상태

자연自然, natura, Natur, nature은, 병기한 한자가 그 뜻을 보여 주듯이, '스스로 그렇게 있는 것'이다. 독일어에서 자연을 의미하는 '이미 있는 것etwas, was schon da ist'은 자연의 속성을 적확하게 지칭한다. 인간이 살고 있는 별인 지구의 역사를 자연의 역사라고 볼 때, 자연은 대략 45억 년 전부터 이미 있어 왔다.

이처럼 장구한 역사를 가진 자연에 지금부터 대략 350만 년 전 인간이 출현하였다. 자연에 출현한 인간은 자연에 존재하는 수많은 생명체들 중의 하나에 지나지 않았다. 인간도 자연에 존재하는 모든 동식물과 똑같이 자연에 완전하게 종속된 상태에서 삶을 유지하는 것 이외의 어떤 다른 수단을 갖고 있지 않았다.

이 상태는 인간이 자연에 맹목적으로 완전하게 종속된 상태이다. 자연이 가진 힘은 인간에 대해 절대적인 우위를 점유하며, 자연의 법칙은 인간의 삶을 절대적으로 지배한다. 삶과 죽음이 자연의 법칙에 의존되어 있을 뿐 인간이 자신의 삶을 보존하기 위해 자연을 상대로 취할 수 있는 수단은 없었다.

이 상태에서는 자연과 인간의 상호관계가 존재하지 않는다. 인간은 양자의 관계를 성립시키는 주체가 되지 못한다. 자연이 인간을 지배하는 관계만이 존재할 뿐이다. 자연은 인간에 대해 절대적인 위력을 갖는 주체이고, 인간은 자연에 의해 지배되는 객체에 지나지 않는다. 이 상태에서는 서양 철학의 사유 원리인 주체-객체-관계가 성립되지 않는다.

『계몽의 변증법』은 인간을 포함한 모든 동식물이 자연에 완전하게 종속되어 있는 상태를 자연에의 맹목적 종속 상태blinder Naturzusammenhang라고 부른다. 이 상태에서는 인간이 다른 동물과 구분되지 않는다. 우리는 이 상태를 『계몽의 변증법』의 마지막 장章이자, 경구와 잠언이 많이 들어 있는 글인 「스케치와 단상들」의 한 구절을 통해 알 수 있다. 비교적 긴 구절이지만 독자들의 사유에 도움이 되기를 바라는 취지에서 이 자리에 인용하기로 한다.

"동물의 세계는 개념이 없는 세계이다. 이곳에는 단어가 없다. 출현하는 것의 흐름에서는 동일한 것을, 표본들의 교대에서는 동일한 속屬, Gattung을, 변화된 상황에서는 동일한 사물을 붙들어매는 단어가 없는 것이다. 재인식하기의 가능성이 결여되어 있지 않다고 할지라도, 한 번 인식했던 사물을 동일한 것으로 인식하는 것은 생동감 넘치게 앞에 나타났던 것에 제한되어 있다. 흐름에서 머무르는 것으로서 규정될 만한 것은 아무것도 발견되지 않는다. 그럼에도 모든 것은 하나이며 동일한 것으로 머물러 있다. 지나간 것에 대한 확고한 지식과 미래에 대해 밝게 앞을 내다보는 것이 존재하지 않기 때문이다. 동물은 이름을 포기하며 자기 자신을 갖지 않는다. 자기 자신은 자체 내에 갇혀 있으며 포기되어 있다. 새로운 강제적 속박이 항상 다가오며, 어떠한 이념도 이 속박을 넘어서서 다른 곳에 이르지 못한다. 동물은 위로받는 것을 박탈당하는 것과 불안이 감소되는 것을 서로 교환하지 못한다. 동물은 행복에 관하여 의식이 결여되어 있음에도 이것을 슬픔과 고통의 부재와 서로 맞바꾸지도 못한다." (DA 220)

이 인용문에는 자연이라는 표현이 나오지 않지만, 이 인용문에 기술된 상태가 바로 자연에의 맹목적 종속 상태이다. 인간을 포함한 모든 동물이 자연의 질서에 완벽하게 종속된 상태에서 자연에 아무런 영향을 미치지 못한 채 자연이 부여하는 동일한 삶을 반복해야 하는 것이다.

이 상태에서는 "모든 것은 하나이며 동일한 것으로 머물러 있다." 모든 것은 자연의 질서인 '하나'에서 수렴되고, 이러한 '하나'에서 자연의 질서와는 다른 어떤 것으로 존재하는 것은 불가능하다. 모든 것은 자연이 정하는 강제적 속박에 종속되어 있지만, 이 속박은 새로운 속박으로 늘 반복된다. 자연의 변화는 자연에 존재하는 모든 것에 새로운 종류의 속박이 되기 때문이다. 인간도 모든 동물과 똑같이 천둥, 번개와 같은 속박에 시달리다가 해일이나 지진과 같은 새로운 속박에 의해 지배당하기도 하고 자연의 일부인 맹수들의 먹이가 되는 예측 불가능한 재앙을 감내해야만 한다.

앞선 인용문을 여러 차례 들여다본 독자들은 이미 알아차렸겠지만, 이 구절에는 파시즘, 나치즘과 같은 완벽한 전체주의 지배 체제에서 인간이, 자연에의 맹목적 종속 상태와 같은 상태에 갇힌 채, 언어와 개념을 통해 고통을 표현하지 못하는 동물과도 같은 동일한 삶을 감내하는 모습이 그려져 있다.

『계몽의 변증법』은 전체주의적 지배 체제가 자행하는 총체적인 인간 말살과 개인의 폐기를 —개인의 폐기는 아도르노 사회이론이 제기하는 중요한 테제들 중의 하나이다— 앞선 인용문에서 기술하고 있는 것이다. "동물은 위로받는 것을 박탈당하는 것과 불안이 감소되는 것을 서로 교환하지 못한다. 동물은 행복에 관하여 의식이 결여되어 있음에도 이것을 슬픔과 고통의 부재와 서로 맞바꾸지도 못한다"는 구절은 전체주의 지배 체제에서의 개별 인간의 모습을, 곧 행복을 완벽하게 박탈당한 채 슬픔과 고통도 표현하지 못하면서 동일한 삶을 반복적으로 살아야만 하는 그러한 모습을 생생하게 그려 보이고 있다. 『계몽의 변증법』의 시각에서 파시즘, 나치즘과 같은 전체주의적 지배 체제는, 자연과 인간의 관계에서 볼 때 원시제전 이전에 존재하였던 상태인 자연에의 맹목적 상태가 완벽하게 계몽된 시대인 20세기에 재출현한 형식이다.

3. 원시제전, 미메시스, 자기 보존

　자연에의 맹목적 종속 상태로부터 벗어나려는 인간의 의지는 원시시대의 제전祭典, Ritual, ritual에서 표현되었다. 자연에의 완전 종속 상태에서 삶과 죽음에 대해 아무런 대응책을 갖지 못한 인간은 자연이 인간에 대해 갖는 절대적인 위력과 지배력으로부터 자기 자신의 삶을 보존해야만 하는 필연성을 깨달았다. 이러한 깨달음의 결과로 출현한 것이 바로 원시제전이다. 인간은 자연의 위력으로부터 벗어나기 위해 자연을 달래려는 조직적인 행사를 원시시대에 출범시킨 것이다.

　원시제전은, 자연과 인간의 관계에서 볼 때, 인간이 자연에 대해 최초로 접촉을 시도한 사태이다. 인간이 자연에 대해 자신의 영향력을 행사하려고 시도한 최초의 조직적인 행사인 것이다. 원시제전에서 자연에 접촉을 시도하여 자연에 영향력을 행사하려는 인간의 의지는 원시제전 이후 전개된 자연과 인간의 관계에서 인간의 지배력을 높이려는 새로운 방법들을 지속적으로 창조하였다. 『계몽의 변증법』에서는, 새로운 방법들의 지속적인 창조의 역사가 바로 문명사이며, 진보를 상징하는 지속적인 창조는 퇴행을 동반한다고 설명한다.

새로운 방법들은 원시제전에 뒤이어 신화의 창조, 민간 종교의 발생, 천문학과 수학으로 시작한 학문의 발생, 경전과 의식儀式을 갖춤으로써 사회제도로서 정립된 종교의 탄생, 철학의 발달, 서구 근대에서 자연과학의 발달, 기술과 학문, 특히 자연과학의 결합을 통해 생성된 테크놀로지의 발달로 이어졌다. 이러한 과정은 인간이 자연을 지배하는 능력을 지속적으로 끌어올리는 과정이자 문명의 진보 과정이며 사회가 발달하는 과정이다. 그러나 이 과정은 『계몽의 변증법』에서는 동시에 외적 자연지배의 가속화 과정, 자기 주체의 자기 포기의 심화 과정, 개별 인간에 대한 사회지배의 증대 과정을 의미한다. 나는 이 과정에 맞춰 독자들을 『계몽의 변증법』의 세계로 안내할 것이다.

『계몽의 변증법』의 세계로 들어가는 길과 이 세계로 들어가기 위해 채택할 수 있는 시각은 다양하다. 이 책 전체를 지배의 시각에서 해석할 수도 있고, 권력의 관점에서 이해할 수도 있으며, 이데올로기에 중점을 두고 살펴볼 수도 있다. 책머리에서 이미 말했듯이, 『계몽의 변증법』은 다양한 얼굴을 가진 고전이기 때문이다. 그럼에도 나는 앞에서 말한 과정을 『계몽의 변증법』의 세계로 들어가기 위한 시각으로 채택하려고 한다. 이렇게 할 때, 『계몽의 변증법』이 문명사에 대한 비판이라는 핵심적인 인식을 독자들이 이해할 수 있기 때문이다.

원시시대의 인간은 자연의 공포로부터 벗어나기 위해 가면을 쓴 주술사의 주도로 주문呪文을 반복적으로 외우고 춤을 추며 노래를 부르는 조직적인 행사를 실행하였다. 자연이 인간에게 가하는 공포에 맞춰 주술사는 가면을 바꾸었다. 예를 들어 천둥과 번개가 발생하여 사람이 죽거나 피해를 당하면, 주술사는 천둥과 번개의 모습을 그린 가면을 쓰고 주문을 암송하면서 춤을 추고 노래를 하였다. 이 행사의 목적은 자연을 지배하려는 것에 맞춰져 있지 않고 자연을 달래려는 것에 맞춰져 있었다. 원시제전은 『계몽의 변증법』을 이해하는 데 매우 중요한 요소이다.

"샤먼Schaman이 집행하는 의식들은 외부에 있는 바람, 비, 뱀이나 또는 병들어 있는 귀신을 향하였다. 이 의식들은 소재들이나 견본들을 향하지 않았다 […] 샤먼은 곧바로 가면들을 바꾸었다. 가면들이 많은 귀신들과 비슷하게 되어야 한다고 생각하였기 때문이다. [⋯] 주술사는 귀신들을 놀라게 하거나 귀신들을 달래기 위해 자신을 귀신들에 비슷하게 한다. 주술사는 겁이 많게 행동하거나 또는 부드럽게 행동한다." (DA 12)

주술사가 주도하는 원시제전에서는 희생물이 반드시 바쳐졌다. 가면이 다양했던 것처럼 희생물도 다양하였다. 지구의 여러 지역에서 살아 있는 인간이 희생물로 바쳐졌다. 제물에는 자연이 제물을 받아들임으로써 인간에게 해를 끼치지 말기를 바라는 인간의 의도가 들어 있다. 희생물은 자연을 달래 보려는 인간의 의도를 상징한다.

『계몽의 변증법』은 인간이 자연에 자신을 비슷하게 하려는 사고와 행위를 미메시스Mimesis라고 명명한다. 호르크하이머와 아도르노가 사용하는 미메시스라는 개념은 서구 사상에서 일반적으로 '모방'으로 이해되는 것과는 의미가 다르다. 그들이 사용하는 미메시스라는 개념에는 인간학적anthropologisch, 사회이론적, 예술이론적, 문화이론적 차원의 의미들이 들어 있으며, 따라서 이 개념은 거대 개념이다.[10] 이 개념은 또한 아도르노의 미학·예술이론 전체를 관통하는 핵심 개념이다.

원시제전에서의 미메시스는 인간이 자연에 대해 최초로 영향력을 행사하는 시도이다. 이러한 시도는 전적으로 인간이 자연의 위력과 공포로부터 자기 자신을 보존해 보려는 노력에서 발원한다. 원시제전의 실행과 제전에서의 미메시스의 근원에는 인간의 자기 보존Selbsterhaltung이 놓여 있는 것이다. 자기 보존을 위한 인간의 이러한 노력은 인간이 자연에 대해 최초로 자신의 사고와 행위를 투입하는 것을 의미한다. 원시제전에서 인간은 자기 보존을 위해 사고 형성의 도정을 시작하며, 이 단계에서는 개념 형성[11]의 수준을 보이고 있지는 않다. 사고와 개념의 발달은 『계몽의 변증법』에는 자기 보존 전략의 발달을 의미하며, 이 책의 핵심 개념인 도구적 이성이 부정적 의미에서 진보하는 것을 의미한다. 원시제전에서 시초를 볼 수 있는 자기 보존의 원리는 『계몽의 변증법』 전체를 관통하는 핵심 원리일 뿐만 아니라 아도르노 사상 전체에 근원으로 놓여 있다.

아도르노 사상에 대해 비판적인 시각을 갖는 학자들은 그가

---

10 이에 대한 구체적인 내용에 대해서는 다음의 자리를 참조. 문병호(2001), 『아도르노의 사회 이론과 예술 이론』, 59쪽.

11 사고의 형성과 개념 형성에 대해서는 4장에서 더 구체적으로 살펴볼 것임.

서구 문명의 타락, 계몽의 자기파괴 과정을 자기 보존의 원리에 일방적으로 환원시킴으로써 인식 대상에 대한 다양한 접근을 차단하는 결과를 초래하였다고 공격한다. 이 학자들은 아도르노 사상이 환원주의Reduktionismus에 갇혀 있다고 비판한다. 이러한 비판은, 역으로, 자기 보존 개념이 그의 사상에서 얼마나 결정적으로 큰 비중을 갖는가 하는 점을 드러나게 한다. 그는 원시제전에서 발원하는 자기 보존의 원리를 호메로스의 『오디세이아』 해석을 통해 자기 보존이 자기 주체의 자기 포기를 대가로 성립된다는 것을 주장한다. 이렇게 해서 그는 자기 보존을 강제적 속박이라는 개념으로 정초한다. 자기 보존의 강제적 속박은 아도르노 사상을 구성하는 핵심적인 개념이다. 자기 보존은 서구 근대 시민사회, 후기 자본주의와 산업사회에 대한 아도르노의 분석과 비판에서도 결정적인 비중을 차지한다.

4. 자연지배의 출발, 자기 주체의 자기 포기, 주체성의 원사

원시제전에서 인간이 자연을 대하는 태도는 지배적이지 않다. 미메시스에는 적극적으로 자연을 지배하려는 태도가 들어 있지 않다. 자연에의 완전 종속 상태가 [자연 > 인간]의 관계라면, 미메시스에서 이 관계는 [자연 ≧ 인간]으로 바뀐다. 이 관계에서 등호는 자연을 달래려는 인간의 사고와 행위를 의미한다.

그러나 이 등호에서 자연을 지배하려는 인간의 의지가 이미 잉태되고 있다고 볼 수 있다. 인간은 자신보다 더욱 강력한 힘을 가진 다른 대상을 대할 때 처음에는 대상에 굴복하는 태도를 보이다가 점차로 대상을 닮으려는 태도를 취함으로써 대상과 비슷한 힘을 가지려고 노력하며, 이 힘을 가진 후에는 대상을 자신의 지배 아래 두려는 의지를 가진 속적屬的 존재 Gattungswesen이기 때문이다.

원시제전에서 보이는 인간의 태도에서, 곧 자연으로부터 자기 보존을 확보하기 위해 자연을 달래는 태도에서 인간이 미메시스 이후 오늘날까지 진척시켜 온 과정인 자연을 지배하는 과정이 잉태되고 동시에 시작되었다고 볼 수 있다. 원시제전이 자연지배의 시발점이 된 것이다.

『계몽의 변증법』 전체에 걸쳐 퇴적되어 있는 자연지배의 개념은 인간이 외부 자연을 지배하는 외적 자연지배와 인간이 자기 자신의 본성Natur을 지배하는 내적 자연지배를 포괄한다. 내적 자연지배는 인간이 자신의 주체를 포기하는 개념이다. 원시 제전에서 잉태된 것으로 볼 수 있는 자연지배는 일차적으로는 외적 자연지배에 해당된다. 인간이 자기 자신을 보존하기 위한 목적을 갖고 자신의 주체를 스스로 적극적으로 포기하는 사고 와 행위는 원시제전에서 명백하게 발생하지 않기 때문이다.

원시제전에서 잉태된 것으로 볼 수 있는 외적 자연지배는 인 간의 주체가 자연을 단순한 객체로 인식하여 관리하는 것들인 개념, 논리, 체계, 지식의 발달과 더불어 지속적으로 발달한다. 『계몽의 변증법』이, 지식을 권력으로 보았고 이런 시각에서 자 연지배를 찬양하는 베이컨F. Bacon을 인용하는 것에서 출발하는 것은, 자연지배의 개념이 이 책에서 차지하는 비중을 명백하게 보여 준다.

"… 인간의 우월함은 지식에 놓여 있다. 이것은 어떠한 의심도 용 인하지 않는다. […] 오늘날 우리는 자연을 우리의 단순한 견해에 서 지배하며, 자연의 강제적 속박에 종속되어 있다. 그러나 우리 가 발명에서 자연으로부터 우리를 이끈다면, 우리는 실제에서 자 연을 지배하게 될 것이다." (DA 7)

외적 자연지배는 서구 근대 이후 자연과학의 비약적인 발달과 함께 급격하게 진행된다. 이것이 근대 시민사회에서 자본주의와 산업혁명으로 이어졌으며, 『계몽의 변증법』은 이러한 문명적인 진보가 마침내 파시즘, 나치즘, 2차 세계대전과 같은 참극을 유발하였다는 시각을 갖고 있다.

『계몽의 변증법』은 내적 자연지배의 개념을 호메로스의 『오디세이아』에 대한 해석에서 근거를 세운다. 이 작품의 주인공인 오디세우스는 항해하는 과정에서 봉착하는 여러 난관을 극복하고 자기 보존을 확보하기 위해 대원들의 주체를 포기하도록 강제하며 자신의 주체도 포기하는 사고와 행위를 보여 주는바, 『계몽의 변증법』은 오디세우스의 이러한 사고와 행위에서 자기 주체의 자기 포기라는 개념을 도출한다.[12] 오디세우스는 자신보다 우월한 힘을 가진 자연신들Naturgottheiten, 연꽃 마을Lotophagen의 규칙, 눈을 하나만 갖고 있으며 사람을 잡아먹는 거대 괴물인 폴리펨Polyphem, 마녀 키르케Kirce와의 대결에서 상

---

12 이 자리에서는 내적 자연지배, 곧 자기 주체의 자기 포기의 개념만을 설명하기로 한다. 오디세우스의 자기 보존 전략에 들어 있는 도구적 이성의 발달에 대해서는 4장에서 더 구체적으로 살펴볼 것임.

대방이 가진 위력에 맞춰 기만, 간계, 교환, 희생, 단어 조작, 성적인 관계에서 자기 주체를 스스로 포기하는 전략을 구사하면서 자기를 보존하는 데 성공한다.

이러한 모든 전략에 근원으로 놓여 있는 것이 자기 주체의 자기 포기이다. 자기 주체를 포기하지 않고는 자기 자신을 보존시킬 수 없다는 것을 오디세우스가 보여 주고 있다는 것이다. 『계몽의 변증법』은 이를 내적 자연지배라고 해석한다. 이 책의 저자들에게는 자기 포기의 역사가 바로 문명사이다. 문명을 타락시키고 사회가 불의의 연관관계로서 작동하도록 하는 근본적인 원리가 바로 자기 주체의 자기 포기인 것이다.

"문명의 역사는 희생을 내적으로 감수한 역사이다. 다른 말로 하면, 문명의 역사는 자기 포기의 역사이다. 자기 포기를 하는 모든 사람은 그에게 되돌려지는 것보다 더욱 많은 것을 그의 삶으로부터 내주게 되며, 그가 방어하는 삶보다도 더욱 많은 것을 내주게 된다. 이것은 잘못된 사회의 연관관계에서 전개된다. 잘못된 사회에서는 자기 포기를 하는 사람이 너무 많으며, 이처럼 너무 많은 사람이 기만된다. 그러나 어떤 사람이 보편적이고 동등하지 않으며 부당한 교환으로부터 빠져나와 자기 자신을 포기하는 것을 거절하고 이와 동시에 빈틈없이 꽉 짜인 전체를 움켜쥐려고 든다면, 그는 그렇게 함으로서 모든 것과 사기 보존이 그에게 보증한 곤궁한 찌꺼기까지 잃게 될 것이다." (DA 51-52)

문명의 역사를 자기 주체의 자기 포기로 해석한 시각은 『계몽의 변증법』이 내놓은 충격적인 시각이다. 『계몽의 변증법』의 문명 비판 이전에도 서구 문명의 본질에 대한 니체의 충격적인 비판이 있었지만, 문명사를 주체의 자유가 확대되는 진보의 역사로 보는 시각이 서구 학계에서 일반적으로 통용되었기 때문이다. 이 시각은 오랫동안 이해되지 않은 채 머물러 있었으나 하버마스가 『계몽의 변증법』의 제2장에 해당하는 「오디세우스 또는 신화와 계몽」에 주목하여 이 장을 명료하게 해석함으로써 서구 학계에서 널리 이해되는 계기가 되었다. 자기 주체의 자기 포기는 문명을 타락시키고 사회를 불의의 연관관계로 작동시키는 근본적인 원리이며, 이 개념은 아도르노 사상 전체에, 특히 그의 사회이론에 근원으로 놓여 있다. 이 개념을 이해하지 않고는 아도르노 사상에 접근하는 것이 어려울 정도로 이 개념이 갖는 비중이 크다.

앞에서 핵심적으로 살펴본 외적 자연지배와 내적 자연지배의 진행 과정이 자연지배의 변증법이다. 『계몽의 변증법』은 이 변증법을 계몽과 신화의 변증법적 착종, 합리화와 비합리화의 변증법적 착종과 동시에 진행되는 과정으로 본다. 자연지배가 진행되면서 계몽이 신화로 전도되고, 합리화가 비합리화로 전도된다는 것이다. 3개의 변증법은 『계몽의 변증법』을 관통하는 핵심적인 사유 방식[13]이며, 이에 대해서는 뒤에서 해설할 것이다.

『계몽의 변증법』은 자기 주체의 자기 포기를 주체성의 원사原史, Urgeschichte der Subjektivität라고 본다. 주체성은 그것이 원래 형성될 때부터 자기 주체의 자기 포기를 대가로 형성되었다는 것이다. 앞에서 말했듯이, 이것은 아도르노의 사회이론에서 지배의 근원적인 원리이다.

자기 주체의 자기 포기는 자본권력이 인간에 대해 총체적인

---

[13] 그 밖에도 주체화와 사물화의 변증법이 이 책에 퇴적되어 있다. 이에 대해서는 해설의 진척과 함께 언급할 것임.

지배력을 아무런 빈틈도 허용하지 않은 채 행사하는 오늘날의 시대 상황에서 오디세우스가 감내했던 정도와는 비교가 되지 않을 정도로 더욱더 총체적으로 되었다. 지기 주체의 자기 포기는 오늘날 지구에서 생존하는 인류의 대부분에 해당하는 절대 다수의 무력한 개별 인간들에게는 생존을 유지하기 위해서 절대적으로 준수해야 할 법칙과도 같은 것으로 되었다. 자본권력이 추구하는 절대적인 목적인 이윤추구의 극대화는 자본권력에 종속된 개별 인간들이 자신을 개별적이며 구체적이고 독립적이면서도 특별한 존재자라고 주장하는 것을 어떤 경우에도 용인하지 않기 때문이다.

자본권력은 이 권력이 이윤추구의 극대화를 위해 강제하는 일반적인 원리에 개별 인간이 일반적으로 종속되는 것을 강요할 뿐이며, 이러한 강요는 개별 인간이 자기 주체를 스스로 포기함으로써 순응할 것을 요구한다. 강요에 저항하는 행위, 자기 주체의 자기 포기를 거부하는 행위는 자기 보존의 상실을 의미한다. 이러한 관점에서, 『계몽의 변증법』이 사회지배의 원리로 근거를 세운 자기 주체의 자기 포기는 오늘날에도 여전히 적용되는 법칙과도 같은 것이라고 볼 수 있다.

5. 합리성과 도구적 합리성의 원형

합리성을 제대로 이해하기 위해서는 막스 베버Max Weber의 합리성 이론을 살펴보아야 한다. 그는 합리성, 합리주의를 통해 서구 문명과 서구 사회의 본질을 설명하는 데 성공한 이론가로 평가받는다. 베버의 합리성 이론을 개략적으로라도 논의하기 위해서는 많은 지면이 필요하다. 그러므로 나는 이 자리에서는 원시제전과 관련하여 합리성과 도구적 합리성을 논의하는 데 필요한 수준에서 두 개념을 소개하는 것으로 설명을 제한하고자 한다.

합리성은 목적-수단-관계이다. 인간이 특정한 목적을 성취하기 위하여 특정한 수단을 투입하는 행위의 산물이 합리성이다. 목적-수단-관계에서 인간이 목적에 합당한 수단을 투입해야 함에도 이를 무시하고 오로지 목적만을 성취하려고 하면 목적-수단-관계에서 비합리성이 발생한다. 예컨대 교수가 되고자 하는 사람이 교수가 되기 위한 목적만을 추구한 나머지 대학을 지배하는 권력자들에게 돈을 바치는 행위를 할 경우, 이 행위는 비합리적이다. 목적에 합당한 수단을 투입하는 것이, 곧 학문적 업적과 강의 능력을 수단으로 해서 대학의 교수가 되는 것이 합리적이기 때문이다. 목적 절대주의는 비합리적이다.

다른 한편으로, 목적-수단-관계에서 목적 성취보다는 수단의 투입에 절대적인 우위를 두는 행위도 발생한다. 수단들이 목적 성취에 합당하는지의 여부, 폭력성이 있는지의 여부, 객관적이고 투명한지의 여부 등을 고려하지 않은 채 수단들을 일방적으로 투입하는 행위는 비합리적이다. 이른바 수단의 전능화는 비합리성을 산출하는 대표적인 경우이다. 예컨대 나치즘의 지배 체제는 목적 절대주의를 추구하였다는 측면에서 비합리적일 뿐만 아니라, 갖은 종류의 폭력을 수단으로 사용하였다는 점에서도 역시 비합리적이다. 이데올로기와 선전 선동, 대량 학살, 전쟁 유발, 집단수용소 설치, 유태인 학살, 학문과 예술의 탄압 등 예거하기조차 어려운 다양한 폭력적인 수단들의 사용은 수단의 전능화가 무엇인지를 명백하게 보여 준다. 목적 절대주의와 수단의 전능화를 보여 주었던 것이 나치즘의 지배 체제이다. 앞에서 설명한 비합리성은 도구적 합리성을 이해하는 데 기초가 되는 개념이다.

원시제전에서 인간의 행위는 합리적이다. 자연의 위력으로부터 살아남기 위한 목적을 갖고 주술사의 지도로 자연을 달래려는 여러 수단을 투입하기 때문이다. 제전에서 주술사가 가면을 바꾸면서 주문을 외우고 춤을 추며 노래하는 것은 특정 목적을 성취하기 위해 특정 수단들을 투입하는 행위에 해당한다. 생명이 있는 사람을 제물로 바치는 것은 비합리적이라고 볼 수도 있지만, 강요에 의한 희생이 아니라고 해석될 수 있기 때문에 전적으로 비합리적이라고 평가하기에는 무리가 있다고 볼 수 있다. 이렇게 볼 때, 원시제전에서 합리성의 원형原型이 태동했다는 해석이 가능해진다.

그러나 원시제전에서는, 다른 한편으로는 도구적 합리성도 역시 태동하고 있음을 알 수 있다. 도구적 합리성은 합리성이 목적-수단-관계에서 기능하지 않고 도구로 전락하는 상태를 의미한다. 합리성이 도구가 된다는 것은 목적-수단-관계가 정당하게 성립되지 않는다는 것을 뜻한다. 원시제전을 주도하는 주술사와 제전에 참가하는 사람들은 자연을 달래기 위해 외형적으로는 합리적으로 사고하고 행위하지만, 이 사고와 행위에는 숨겨진 의도가 있다. 다시 말해, 자연의 위력으로부터 자기 자신을 지키려는 제전 참가자들의 의도가 원시제전에 숨겨져 있는 것이다. 제전 참가자들이 원시제전이라는 조직적인 행사를 그들의 자기 보존을 위한 도구로 활용하는 것이 확인될 수 있는 것이다. 바로 이 시각에서, 원시제전에서 도구적 합리성의 원형이 태동했다는 해석이 가능해진다. 따라서 합리성은 원시제전에서 태동할 때 그 내부에 도구적 합리성을 이미 잉태하고 있었다고 말할 수 있다.

도구적 합리성은 자연을 목적-수단-관계에서 합리적으로 대하지 않고 지배 대상으로 본다. 도구적 합리성에는 또한 인간도 자연과 마찬가지로 관리와 지배의 대상이다. 독자들은 도구적 합리성의 지속적인 발달과 정교한 진화가 외적·내적 자연지배의 지속적인 진척과 이와 궤를 같이 하는 사회에 의한 인간의 지배의 증대·강화로 이어진다는 것을 곧바로 이해할 수 있을 것이다. 『계몽의 변증법』은 도구적 합리성의 —부정적인 의미에서의— 지속적인 발달이 —부정적인 의미에서의— 외적·내적 자연지배의 지속적인 진척을 추동하며, 이 과정이 바로 문명의 타락사임을 알려 주는 책이다. 도구적 합리성은 『계몽의 변증법』 전체를 관통하는 핵심 개념이며, 이 개념과

거의 동일한 개념으로 볼 수 있는 것이 도구적 이성이다. 도구
적 이성에 대해서는 나중에 살펴볼 것이다.

6. 합리화와 비합리화의 변증법의 출발

앞에서 말했듯이, 원시제전에서는 합리성·도구적 합리성의
원형이 태동하고 있다. 도구적 합리성은 비합리성의 한 종류이
다. 이렇게 볼 때, 원시제전에 합리성과 비합리성이 동시에 내
재되어 있는 것이다. 원시제전에 내재하는 이러한 성격은 원시
제전에서 합리화와 비합리화의 변증법이 이미 시작되었다는
해석을 가능하게 한다.

원시제전에 참가하는 사람들이 주술사의 주도 아래에서 행
하는 노동에도 합리성과 비합리성이 동시에 내재되어 있다. 인
간이 자연의 위협으로부터 벗어나려는 특정 목적을 위해 특정
수단인 인간의 노동이 투입되지만, 이 노동은 주술사의 통제를
받는 부자유한 노동이다. 노동이 도구화되는 것이 이미 확인되
고 있기 때문이다.

합리화와 비합리화의 변증법은 『계몽의 변증법』을 관통하

는 핵심적인 사유 방식이다. 나중에 살펴보겠지만, 오디세우스가 신화적인 위력을 가진 장애물들과 대결하면서 자기 보존이라는 목적을 위해 여러 수단을 구사하는 사고와 행위에는 합리성이 내재되어 있지만, 동시에 그의 합리성은 비합리적이다. 오디세우스의 합리성이 자기 보존을 위한 도구로 되면서 합리성 내부에 비합리성이 내재되어 있기 때문이다. 예컨대 서구 근대 이후 계몽사상, 자연과학의 발달과 궤를 같이하는 합리성의 발달은 20세기에 이르러 거의 정점에 도달한 모습을 보여 주었지만, 이처럼 고도로 합리화된 세계에서 나치즘과 같은, 인류가 과거에 경험하지 못한 극단적인 비합리성이 출현하였다.

나치즘은 그것이 행하는 모든 행위가 합리적이라고 주장하였지만, 실제로는 전적으로 비합리적이었다. 원시제전에서 나치즘에 이르는 문명의 도정에서 합리화는 이처럼 비합리성을 동시에 산출하는 것이다. 합리성은 따라서 [합리성＋비합리성]의 형식으로 존재할 수밖에 없으며, 『계몽의 변증법』은 합리화와 비합리화의 변증법에서 합리성보다는 비합리성이, 곧 도구로 전락한 합리성이 문명의 도정을 지배하였기 때문에 인간은 불의를 경험하지 않을 수 없었다고 보고 있다.

합리화와 비합리화의 변증법이 『계몽의 변증법』에서 얼마나 큰 비중을 갖는가는 호르크하이머와 아도르노가 1944년, 1947년에 쓴 「서문」에서 명료하게 드러난다.

"다음에 이어지는 논의들의 이론적 토대인 첫 번째 논문은 합리성과 사회적 현실의 착종관계, 이 관계와 분리될 수 없는 자연과 자연지배의 관계에 대한 보다 자세한 이해를 시도한다." (DA 5)

두 저자는 이 인용문에서 합리성과 사회적 현실이 착종관계를 형성하고 있음을 밝히고 있다. 이 자리에서 두 저자가 말하는 합리성이란 [합리성+비합리성]을 의미한다. 합리성의 관점에서 사회적 현실을 바라보는 경우에 사회적 현실은 [합리성+비합리성]이며, 이러한 중첩에서 합리성의 비중이 상대적으로 많았다면 문명도 역시 전체적으로 볼 때 합리적인 도정을 보여주었을 것이다. 그러나 두 저자는 이 중첩에서 비합리성인 도구적 합리성이 압도적으로 높은 비중을 차지하였다고 보기 때문에, 문명은 지속적으로 타락할 수밖에 없었다는 것이다. 타락의 극치인 파시즘, 나치즘은 [합리성+비합리성]의 착종관계에서 도구적 합리성이 거의 전적으로 기능한 것을 보여 주는 역사적인 실례이다.

두 저자는 합리성과 사회적 현실의 착종관계가 자연지배와 분리될 수 없다는 점도 명백하게 밝히고 있다. 원시제전에서 시작한 사회[14]의 형식에서 실행되는 자연지배는 합리화를 추동하고 합리화는 비합리성(도구적 합리성)을 산출하면서 사회적 현실이 [합리성+비합리성(도구적 합리성)]과 착종관계를 형성하게끔 한다.

원시제전에서 합리화와 비합리화의 변증법이 출발하였다는 것은 원시제전에서 사회가 시작되었다는 시각과 일치한다. 사회의 설치는 원래는 합리적인 것이지만, 사회는 설치와 함께 비합리적인 성격으로부터 벗어날 수 없다는 것이 아도르노의 생각이다. 사회의 설치는 비합리성이 작동함을 의미한다. 따라서 사회적 현실이 비합리적이 될 수밖에 없는 것은 그에게는 원리적이다.

---

14 이에 대해서는 뒤에 이어지는 글에서 살펴볼 것임.

"내가 여기에서 비합리적인 것이라고 의도하는 바는 다음과 같습니다. 우리는 전체 사회의 목적을 사회를 구성하는 사람들의 생존을 영위시켜 주고 속박으로부터 벗어나게 해 주는 것으로서 고찰하고 있습니다. 그러나 전체 사회는 예나 지금이나 여전히 갖고 있는 사회의 설치를 통해서 전체 사회의 고유한 목적에 반대되는 것인 전체 사회 자체에 고유한 존재 이유와 전체 사회에 고유한 합리성을 대립시키는 속성을 갖고 있습니다. 나는 이러한 대립관계를 비합리적인 것으로 이해하고 있습니다. 우리가 이처럼 비합리적인 것을 일단 보게 되면, 이른바 비합리적인 제도들 스스로 어떤 기능을 갖게 됩니다. [⋯] 오늘날 우리가 살고 있는 사회에서는 사회의 설치가 갖고 있는 비합리성이 수많은 모멘트들에서 —내가 여기에서 의도하는 모멘트들은 시간적인 것들이 아니고, 수많은 관점에서 보이는 모멘트들입니다— 통용되고 있는 것으로 보입니다."[15]

사회는 "사회를 구성하는 사람들의 생존을 영위시켜 주고 속

---

15 테오도르 W. 아도르노(2014), 『사회학 강의』, 문병호 옮김, 서울: 세창출판사, 290쪽.

박으로부터 벗어나게" 하려는 합리적인 목적에서 설치되었으나, 이 목적과 배치되면서 "사회 자체에 고유한 존재 이유"를 갖게 됨으로써 합리적인 목적으로부터 이탈한다. 아도르노가 볼 때, 사회는 사회 구성원들의 생존을 영위해 주고 사회 구성원들을, 예를 들어 자연의 공포가 강요하는 속박으로부터 벗어나게 해 주는 원래의 합리적인 목적을 실현시키기 위해 존재하지 않으며, 오히려 "사회 자체에 고유한 존재 이유"가 사회 구성원들에게 부자유한 노동을 강요하고 그들을 감시·통제·관리·지배한다. "사회 자체에 고유한 존재 이유"는 사회의 원래의 존재 이유와 배치되면서 비합리성을 필연적으로 산출할 수밖에 없다는 것이다.

"사회 자체에 고유한 존재 이유"는 사회가 "스스로 독립적으로 되는 것"[16]을 의미한다. 아도르노의 사회이론에서 매주 큰 비중을 갖는 이 개념은 사회가 그것 자체로 존재하면서 사회 구성원들의 존재 가치와는 관계없이 사회 자체에 고유한 존재

---

16 이 개념은 특히 1960년대에 출간된 아도르노의 사회이론적 저작들에서 자주 출현한다.

이유만을 갖는다는 것을 비판하는 개념이다.

　인용문을 통해 살펴본, 사회의 작동에 원리적으로 내재되어 있는 합리화와 비합리화의 변증법은 원시제전에서 이미 출발하였다는 것이 아도르노의 시각이다. 이 시각이 『계몽의 변증법』에서 드러나고 있는 것이다.

7. 부자유한 노동과 권력의 발생, 사회의 시작

　『계몽의 변증법』의 공동 저자인 아도르노는 철학자, 미학자·예술이론가, 음악학자·음악이론가, 문학이론가, 심리학자의 위상을 갖고 있으면서도 이와 동시에 사회학자·사회이론가로서도 우뚝 솟아 있다. 그는 프랑크푸르트대학 철학과의 레어슈툴Lehrstuhl[17]을 가졌던 철학자이면서도 동시에 사회학과의 레어슈툴까지 겸임하였던 걸출한 사회학자였다. 사회학자로서 이런 위상을 가진 아도르노는 원시제전에서 사회가 시작되었다

17　독일 대학의 교수가 갖는 최고의 명예로운 자리임. 학문적으로 특별한 업적을 성취한 학자에게만 부여되는 자리임. 독일 대학의 철학과와 사회학과에서 동시에 이 자리를 가졌던 교수는 독일 대학의 역사에서 아도르노가 유일함.

고 본다. 그는 사회가 원시제전에서 이미 부정적인 형식을 잉태하였다는 시각을 갖고 있다.

『계몽의 변증법』에 따르면, 원시제전은 이 제전에 참가한 사람들에게 부자유한 노동을 강요한다. 자기 보존의 강제적 속박에 얽매인 사람들은 자유 의지가 아닌 강제적 속박에 의해 부자유한 노동을 감내할 수밖에 없었다는 것이다. 사회는 시작부터 사회의 구성원들에게 부자유한 노동을 강요하는 것이다. "부자유한 노동과 이데올로기를 통해 사회가 개인을 지배하는 단초는 이미 원시제전에서 제전에 참여하는 개인들에게 주술사에 의해 대변되는 정령 세계의 권력이 강요되고 개인들은 제전에 강제적으로 참여하여 노동을 제공해야만 하는 강제적 속박관계에서 발원한다."[18] 아도르노는 부자유한 노동이 후기 자본주의와 산업 사회에서는 생산관계들에 의해 더욱 심화되었으며, 테크놀로지의 발달과 함께 더욱 정교하게 진화하였다고 주장한다. 결론적으로 말하면, 원시제전에서 태동한 부자유한 노동은 아도르노의 사회학과 사회이론 전체를 관통하는 중요

---

18 문병호(2006), 『비판과 화해. 아도르노의 철학과 미학』, 서울: 철학과현실사, 39쪽.

개념이다.

원시제전에서는 제전을 주도하는 주술사와 주술사의 명령에 따르는 제전 참가자들 사이에 권력관계가 성립한다. 원시제전에서 권력이 발생하는 것이다. 원시제전에서 권력이 발생했다는 시각, 그리고 이 권력이 사회의 변화와 더불어 지배력을 강화했다는 시각은 『계몽의 변증법』에서 큰 의미를 갖는다. 이 책을 권력 비판, 지배 비판으로 보는 것은 세계 학계에서 보편화된 시각이기 때문이다.

권력 비판이 『계몽의 변증법』의 핵심 주제 중의 하나라는 점은 원시제전 이후 강화되는 권력의 지배력을 기술한 다음의 글에서 확인된다.

"그러나 유목 생활을 하는 원시인이 모든 종속에도 불구하고 종속의 경계를 정하였던 주술에도 참여하였고 맹수에게 천천히 다가가서 맹수를 잡을 목적으로 스스로 맹수처럼 옷을 입었음에도, 유목민적 생활의 후기 시대에서는 정령들과의 접촉 및 정령들에의 종속이 인류의 여러 계급에 분포하게 되었다. 한편에서는 권력이, 다른 한편에서는 복종이 존재하게 되었다. 반복하여 되돌아오는 영원히 동일한 자연적인 과정들이 이 과정들에 종속되어 있는 사람들에게 ―낯선 종족들에 의한 종속이든, 동족들에 의한 종속이든 관계없이― 모든 조야한 북소리와 모든 단조로운 제전에서 메아리쳐지는 박자에 따라 억지로 주입된다. 이 과정들이 노동의 리듬을 맞추는 곤봉과 몽둥이의 박자에 따라 강요되는 것이다." (DA 22)

『계몽의 변증법』은 주술이 종속의 경계를 정하는 것에서 이미 권력관계가 태동했다고 보고 있으며, 이것은 유목민적 생활의 후기 단계에서 더욱 뚜렷해졌다는 시각을 드러낸다.

이 인용문을 자세히 살펴보면, 여기에는 파시즘, 나치즘 등 전체주의적 지배 체제에 해당하는 구절들이 들어 있음을 알 수 있다. "반복하여 되돌아오는 영원히 동일한 자연적인 과정들"은 나치즘과 같은 지배 체제가 구축한 지배, 곧 사람들의 삶을 동일한 자연적인 과정들에 종속시키는 지배를 상징한다고 볼 수 있고, "이 과정들에 종속되어 있는 사람들"은 전체주의적 지배 체제에 포획되어 동일한 삶을 강제적으로 살아야만 하는 구성원들과 똑같은 사람들이라고 볼 수 있다.

또한 "이 과정들에 종속되어 있는 사람들"은 오늘날 자본권력에 의해 포획되어 동일한 삶을 반복적으로 살아가는 절대 다수의 무력한 피고용인들과 똑같은 사람들이기도 하다. "모든 조야한 북소리와 모든 단조로운 제전에서 메아리쳐지는 박자"는 전체주의적 지배 체제가 자행하는 강제 노동, 전쟁 등을 기술하는 내용으로 읽힐 수 있다. 따라서 앞선 인용문에서 『계몽의 변증법』의 중심 주제에 해당하는 권력 비판과 지배 비판이 그 모습을 확연하게 드러내고 있는 것이다.

3장
계몽과 탈주술화, 신화, 계몽과 신화의 변증법

독자들은 2장에서 진행된 해설을 통해 원시제전에 다층적이고 다차원적인 의미가 들어 있다는 점, 원시제전에서 자연지배의 변증법이 출발하였다는 점을 이해하게 되었을 것이다. 자연지배의 변증법은 『계몽의 변증법』 전체를 관통하는 핵심 원리이며, 이 변증법을 계몽의 자기파괴 과정의 관점에서 재구성한 것인 계몽과 신화의 변증법이다.

계몽의 자기파괴 과정을 근거 세우는 것은 『계몽의 변증법』의 첫 번째 과제이다.

"우리가 작업 중에 발견한 아포리아Aporie[19]는 우리의 첫 번째 연

구과제인 '계몽의 자기파괴'임이 확인되었다." (DA 3)

계몽의 자기파괴 과정을 인식할 수 있게 해 주는 과정이 계몽과 신화의 변증법이다. 이 변증법은 자연지배의 변증법을 계몽과 계몽의 개념 아래에서 포괄되는 세부 개념들, 그리고 계몽과 착종관계를 형성하는 신화를 상호 결합시켜 더욱 구체화한 변증법이라고 볼 수 있다. 자연지배의 변증법이 문명의 타락 과정을 재구성하는 데 거시적인 틀로서 기능한다면, 계몽과 신화의 변증법은 상대적으로 더 구체적인 개념들을 통해 구축된 틀로서 기능한다고 볼 수 있다.

원시제전에 이어서 진행되는 자연-인간-사회의 관계 중 문명의 타락 과정을 재구성하는 것에서 계몽, 신화처럼 핵심적으로 큰 비중을 갖는 개념들만을 이제부터 살펴보려고 한다. 이러한 재구성을 위해 『계몽의 변증법』이 사용하는 개념들은 계

---

19 그리스어 ἀπορία에서 유래하는 개념이다. 해결되어야 할 문제 또는 이것의 해결에 필요한 개념들 내부에 모순이 내재되어 있어서 그 문제의 해결이 불가능한 상태를 말한다. 대표적인 아포리아로는 개인과 사회의 관계를 예로 들 수 있다. 사회는 개인이 혼자서 해결할 수 없는 문제들을 해결하고 개인들을 보호하기 위해 설치되지만 개인을 관리·지배·폐기함으로써 설치 목적에 배치되는 성격을 갖는다.

몽과 같은 거대 개념부터 보호색Mimikry처럼 간단한 개념에 이르기까지 매우 다양하다. 따라서 이 개념들을 모두 해설하는 것은 불가능하다. 이 개념들을 해설하기 위해서는 하나의 사전이 필요하기 때문이다.

이런 까닭에서, 나는 호르크하이머와 아도르노가 사용하는 의미에서의 계몽의 개념을 막스 베버의 탈주술화 테제와 관련하여 설명하고, 이어서 신화에 대해 언급한 후 최종적으로 계몽과 신화의 변증법을 살펴보는 것으로 해설을 제한하는 수밖에 없다.

계몽과 신화의 변증법은 『계몽의 변증법』이 문명과 역사를 보는 기본 시각이지만 이해하기가 쉽지 않다. 따라서 3장은 독자들이 계몽과 신화의 변증법의 원리를 이해하는 데 도움을 주는 목표를 지향한다.

1. 『계몽의 변증법』에서 계몽의 개념과 탈주술화

1) 계몽의 개념

첫 번째 고찰의 대상이 되는 개념은 계몽이다. 독자들의 이해를 돕기 위해 미리 말한다면,『계몽의 변증법』은 문명이 부정적 의미에서 발달을 거듭하면서 "새로운 종류의 야만 상태"를 만들어 내는 책임이 계몽의 자기파괴 과정에 있다는 충격적인 주장을 제기한다.

이 주장이 충격적인 이유는 서양 사상에서 계몽은 인간에게 빛을 비춰 줌으로써 인간을 무지, 미신, 몽매, 미몽, 편견, 어둠으로부터 깨어나도록 해 주고 자연의 공포로부터 해방시키는 긍정적이고도 진보적인 사상을 일반적으로 지칭하기 때문이다. 인간을 빛과 행복으로 이끄는 사상으로 일반적으로 인정되어 온 계몽이 문명의 타락사의 주범이라는 주장은 그것 자체로서 충격이었다. 이런 까닭에서, 1944년, 1947년에 출간된『계몽의 변증법』은 1960년대까지도 제대로 이해되지 못한 채 머물러 있었으며, 1970년대 이후 연구가 활성화되면서 이 책이 말하는 계몽의 개념이 비로소 학계에서 수용되었다.

앞에서 말했듯이, 서구 사상에서 계몽은 원래 '빛을 비춤 Enlightenment'이라는 의미를 갖는 개념이다. 계몽사상은 근대 이후의 합리주의 사상의 발전과 궤를 같이하는 사상으로 이해된다. 합리ratio라는 개념 자체가 계산을 의미하듯이, 서구 합리주의에는 수학적 사고가 핵심으로 내재되어 있다. 데카르트, 라이프니츠, 달랑베르와 볼테르 등 프랑스의 백과전서파를 거치면서 만개한 계몽사상은 칸트에 이르러 완성된다. 데카르트와 라이프니츠는 수학자였으며, 칸트도 원래는 자연과학자였다. 이 사실에서 알 수 있듯이, 계몽사상에는 수학적 사고의 정확성과 자연과학적 사고가 추구하는 법칙성이 근원에 놓여 있다.

합리주의와 결합된 계몽사상은 수학적 사고에 기초를 두는 사상이며, 계몽사상은 근대 서구 사상의 중심에 위치한다. 조금 과도하게 표현하면, 계몽사상은, 막스 베버가 근대 서구 문화가 서구 이외의 지역의 문화에 비해서 우월하며 인류의 보편적인 문화가 되었다고 주장하는 것처럼, 서구인들이 자신들을 비서구인들에 비해 우월하다고 주장하는 근거가 되기도 하는 사상이다. 계몽사상은 서구 근대에 특징적인 사상이며, 서구인들이 자신의 정체성을 확인하는 데 근거가 되는 중심 사상이라고 볼 수 있다.

그러나 『계몽의 변증법』에서 계몽은 근대 서구의 계몽사상에 본유한 의미보다 더욱 확장된 의미로 사용된다. 『계몽의 변증법』의 첫 장인 「계몽의 개념」의 첫 문장에서 호르크하이머와 아도르노는 계몽의 의미를 확장하면서 동시에 계몽에 대해 비판적인 시각을 명백하게 드러낸다.

"진보적인 사고의 포괄적인 의미에서의 계몽은 인간에게서 공포를 없애고 인간을 주인으로 앉히는 목표를 예로부터 추구해 왔다. 그러나 완벽하게 계몽된 지구는 환호성을 올리는 해악의 기호에서 찬란한 빛을 비추고 있다. 계몽의 프로그램은 세계의 탈주술화脫呪術化, Entzauberung der Welt였다. 계몽은 신화들을 해체하고 지식을 통해서 자만심을 받쳐 주려고 하였었다." (DA 7)

두 저자는 계몽을 계몽에 본유한 의미인 '빛을 비춤'의 의미에서 이해하는 것보다는 자연-인간-세계-사회의 관계에서 파악하려는 시각을 이처럼 첫 문장에서 명백하게 내보인다. 자연이 인간에게 강요하는 공포를 없애고 인간이 자연을 지배함으로써 인간을 주인으로 앉히는 목표가 바로 계몽이 추구한 목표였다는 것이다. "해악의 기호에서 찬란한 빛을 비추고 있다"는 주장은 계몽이 인간에게 불의와 폭력을 자행하는 사회에서 실행되고 있음을 비판하는 것이다.

이 인용문의 첫 문장에서 독자들은 계몽이 자연지배를 추동해 왔다는 것을 읽어 낼 수 있다. 여기에서 독자들은 우리가 2장에서 간략하게 살펴보았던 자연지배의 개념이 『계몽의 변증법』에서 차지하는 큰 비중을 다시 한번 확인할 수 있을 것이다. 『계몽의 변증법』에 자연지배의 진보는 문명의 부정적 의미에서의 진보인 문명의 타락을 의미하기 때문에, 자연지배를 추동해 온 계몽은 문명의 타락을 견인해 온 주범이 된다.

계몽에 대한 비판적인 시각은 이 인용문의 두 번째 문장에서 곧바로 확인된다. "완벽하게 계몽된 지구"라는 표현은, 원시제전에서 잉태된 외적 자연지배와 자기 주체의 자기 포기에 의해 성립되는 내적 자연지배[20]가 타락의 과정을 거듭하여 20세기 전반부에 파시즘, 나치즘이 자행한 불의와 폭력, 2차 세계대전과 같은 참극을 유발하는 것에 도달한 상태의 지구를 의미한다.

"완벽하게 계몽된 지구"는 계몽의 자기파괴 과정이 20세기 전반에 산출한 모습이며, "환호성을 올리는 해악의 기호"라는

---

20 이에 대해서는 오디세우스의 자기 보존적 이성을 해설하는 자리에서 더욱 구체적으로 설명할 것임.

표현에서 알 수 있듯이 불의와 불행으로 가득 차 있는 지구를 의미한다.

2) 계몽의 자기파괴 과정

나는 책머리에서 '계몽의 자기파괴 과정'이라는 개념을 아무런 설명도 하지 않은 채 사용하였고 2장에서도 두 차례나 언급하였다. 『계몽의 변증법』 초판 「머리말」(DA 3)에 나오는 이 개념은 독자들에게 낯설게 다가올 것이다. 앞에서 계몽에 대해 기본적으로 설명했기 때문에 이제 이 개념을 들여다볼 때가 되었다. 『계몽의 변증법』은 계몽이 계몽을 스스로 파괴하는 과정에 대해, 곧 문명이 타락해 가는 과정에 대해 이야기하듯이 들려주는 책이라고 볼 수 있기 때문에, 이 개념에 대한 이해는 필수불가결하다. 독자들이 이 개념의 핵심을 알고 있으면 앞으로 이어질 독서가 편해질 수 있기 때문에, 이 자리에서 짧게 설명하고자 한다.

앞에서 말했듯이, 계몽은 인간에게 빛을 비추어 주고 이를 통해 인간을 무지, 미신, 공포로부터 벗어나게 함으로써 인간을 깨우치고 더 나아가 인간에게 자유와 행복을 선물하는 것에서 그 본령을 갖는 사상이다. 그럼에도 계몽은, 호르크하이머와 아도르노가 볼 때, 계몽이 구사하는 도구적 이성, 곧 인과율적이고 개념과 논리에 충실한 인식, 가치에 대한 인식을 성취하며 사물에 대한 반성적인 성찰을 할 수 있는 이성이 이러한 능력을 상실하고 사물을 지배하는 도구로 전락한 형태인 <mark>도구적 이성</mark>[21]을 통해, 본래의 이념을 망각하면서 외적 자연을 파괴하고, 더 나아가 인간으로 하여금 자기 주체를 스스로 포기하도록 강요하는 도구로 전락하였다. 두 저자에게 계몽은 독재자와 같다. 인간을 행복으로 이끈다는 이념을 가진 계몽이 인간과 사물에 공포를 자행하는 독재자와 같다는 충격적인 주장은 서구 계몽사상에 대한 혹독한 비판이다.

"계몽은 독재자가 인간들에 대해 행동하는 것처럼 바로 그렇게 사물들에 대해 행동한다. 독재자는 그가 사물들을 조작할 수 있는 한에서만, 사물들을 알게 된다. 학문과 밀접하게 결합된 남

---

[21] 이 개념이 도구적 합리성과 거의 동일한 개념이라는 점은 이미 언급하였다. 프랑크푸르트학파의 사상에서 가장 중요한 개념에 해당하는 이 개념에 대해서는 4, 5장에서 구체적으로 살펴볼 것임.

자는 그가 사물들을 끝마칠 수 있는 한에서만, 사물들을 알게 된다." (DA 12)

독재자가 자신이 지배하는 모든 사물을 조작하면서 지배하는 능력을 갖는 것처럼 바로 그렇게, 계몽도 도구적 이성을 수단으로 해서 모든 사물을 조작하면서 지배하는 능력을 갖는다는 것이다. 두 저자가 볼 때, 계몽과 독재자는 지배, 조작, 파괴에서 수렴된다. 학문적 인식의 진보와 결합된 계몽이 인간에게 빛과 행복을 가져다주는 진정한 의미에서의 진보를 성취하기는커녕 독재자처럼 자연, 인간, 사물을 지배하고 조작함으로써 계몽이 원래 가진 이념을 스스로 파괴하는 과정이 바로 계몽의 자기파괴 과정이다.

계몽의 자기파괴 과정은 외적 자연지배와 내적 자연지배의 부정적 의미에서의 발달을 의미하며, 도구적 이성이 타락해 가는 정도가 증대되는 과정을 뜻한다. 계몽의 자기파괴 과정은 또한 인간의 자기 주체의 자기 포기에 의해 유지되는 사회[22]가

---

22 이에 대해서는 4장에서 살펴볼 것임.

인간을 지배하는 강도를 높여 가는 과정이기도 하다. 따라서 94쪽 인용문의 "완벽하게 계몽된 지구는 환호성을 올리는 해악의 기호에서 찬란한 빛을 비추고 있다"는 문장은 계몽의 자기파괴 과정이 정점에 도달한 상태를 비판하고 있는 것이다. 예컨대 파시즘, 나치즘과 같은 전체주의적 지배 체제는 계몽의 자기파괴 과정에서 출현한 최악의 불의라고 볼 수 있다.

2. 막스 베버의 세계의 탈주술화 테제와 『계몽의 변증법』

호르크하이머와 아도르노는 계몽의 과정을, 3장 1절 1항에서 제시한 인용문에서 드러나듯이, 세계의 탈주술화 과정으로 이해한다. 이는 서구 사상에서 일반적으로 통용되는 계몽의 개념을 와해시키는 발상이다. 잘 알려져 있듯이, 탈주술화 테제는 막스 베버의 종교사회학에서 유래한다.

탈주술화를 이해하기 위해서는 먼저 주술적 세계상을 살펴보아야 한다. 주술적 세계상은, "존재는 그 기본 원리에서 하나밖에 없다"는 관념에 토대를 두는 "일원적 세계상"[23]을 의미한다. 주술적 세계상에서의 세계는 "주술이 걸려 있는 정원"이며,

이 세계에서 인간은 "주술, 제전, 금기사항의 준수를 통해 신에 더욱 근접하여 존재하게 된다."[24] 주술적 세계상은 전체가 하나로 닫혀 있는 세계를 표상한다. 이 세계에서는 현세와 내세가 구분되지 않는다. 초자연적인 힘을 가진 주술이 자연, 인간, 자연과 인간의 접촉의 산물인 세계를 자체로서 닫힌 하나의 세계로 관리하기 때문이다.

탈주술화는 주술적 세계상으로부터 벗어나는 과정이며, 주술적인 세계상과의 대립적 관계를 전제한다. 베버는 탈주술화를, 종교적인 태도가 왜 주술적 세계상을 거부하는가 하는 물음으로부터 착상하였다. 그는 이러한 물음에 근거하여 힌두교, 유대교, 기독교에서 주술적 세계상을 종교적으로 거부하는 태도가 나타난 이유를 추적하였고, 세계 종교에 대한 방대한 연구를 성취하면서 세계의 탈주술화 테제를 정립하였다.

세계 종교의 연구에서 베버는 힌두교, 유대교, 기독교가 종교적으로 세계를 거부하는 태도에 머물렀다고 보았다. 이에 반해

---

23 Wolfgang Schluchter(1980), *Die Paradoxie der Rationalisierung*(합리화의 역설), Frankfurt/M.: Suhrkamp Verlag, p.15.

24 Ibid., p.15.

가톨릭, 루터주의, 칼뱅주의로 대표되는 근대 서구의 합리주의에서의 종교적 세계 거부는 세계지배의 형태로 전개되었다는 것이 베버의 시각이다. 세계를 지배하려는 종교적인 태도는 베버에게 특별히 중요하다. 잘 알려진 대로, 베버는 종교적 세계지배에서 자신의 합리화 이론을 정초하였기 때문이다. 따라서 탈주술화 테제는 베버의 합리화 이론의 토대가 된다.

독자들은 이제 "계몽의 프로그램은 세계의 탈주술화였다"는 충격적인 주장이 호르크하이머와 아도르노가 베버의 탈주술화 테제를 계몽의 개념을 확대하는 데 끌어들인 것에서 발원하고 있음을 알게 되었을 것이다. 두 저자가 사용하는 계몽의 개념에 베버의 시각이 들어 있다는 점은, 두 저자가『계몽의 변증법』의 세 번째 장인「줄리엣 또는 계몽과 도덕」에서 칸트의 계몽 개념을 인용하는 것과 대조해 보면 곧바로 드러난다.

"계몽은 칸트의 말에서는 '인간이 그 스스로 책임이 있는 미성숙으로부터 빠져나오는 것이다. 미성숙이란, 인간이 다른 사람의 지도 없이는 자신의 오성을 스스로 돌볼 능력이 없는 상태이다.'"[25] (DA 74)

계몽에 대한 칸트의 정의는 인간이 미성숙으로부터 깨어나는 것에 국한되어 있다. 반면에 베버의 탈주술화 테제는 인간이 주술적 세계상을 종교적으로 거부함으로써 일원적 세계상으로부터 벗어나는 과정에 맞춰져 있다. 칸트의 정의와 베버의 테제가 접점을 형성할 수 있는 근거가 명백하지 않음에도 불구하고, 호르크하이머와 아도르노는 계몽의 프로그램을 베버가 말하는 세계의 탈주술화라고 주장하고 있는 것이다.

나는 두 저자가 계몽의 개념을 확대하기 위해 베버의 탈주술화 테제를 이처럼 의도적으로 끌어들인 것에는 다음과 같은 3가지 이유가 있다고 본다.

첫째, 베버의 탈주술화 테제에서는 자연과 인간과의 관계에서 성립하는 세계상이 관건이 되고 있다는 점을 주목할 필요가 있다. 2장에서 보았듯이, 『계몽의 변증법』이 자연-인간-사회의 관계에서 사유를 전개하고 있기 때문이다. 인간이 원시제전에서 자연과 최초로 접촉을 시도한 이래로 사회를 설치하였고

25 Kant, Beantwortung der Frage: *Was ist Aufklärung?*(계몽이란 무엇인가?), Kants Werke. Akademie-Ausgabe, Band VIII, S.35. 이 원전 출처는 『계몽의 변증법』에 들어 있는 출처임.

이와 함께 자연에 대한 지배력을 점차적으로 증대시킴으로써 문명사를 타락사로 전락시켰다는 시각은 서구 근대의 계몽 개념과 이를 대표하는 칸트의 계몽 개념을 통해서는 근거가 세워질 수 없다.

둘째, 베버의 탈주술화 테제는 합리화 이론의 토대가 되는바, 호르크하이머와 아도르노는 이 테제에 토대를 두어 원시제전 이래의 자연지배 과정과 이와 동시에 진행되는 합리화 과정[26]을 결합시켜 문명의 타락 과정을 재구성할 의도를 갖고 있었다고 볼 수 있다. 두 저자는 탈주술화 테제에 들어 있는 탈주술화 과정을 자연지배의 변증법으로 변형시키고, 합리화 과정을 합리화와 비합리성의 변증법[27]으로 변형시켜 문명의 타락을 재구성할 수 있다고 보았고, 이러한 재구성을 위해 계몽의 개념을 탈주술화가 개시된 시점까지 되돌려서 확대시켰던 것이다. 두 저자는 탈주술화에서 발원하는 자연지배의 과정이자 합리화

---

26 2장에서 설명하였듯이, 이 과정은 『계몽의 변증법』에게는 합리화와 비합리화의 변증법이다.
27 베버는 역사철학 자체를 인정하지 않았다. 사회과학적 인식의 객관성 확보와 가치중립을 특별히 중시하였던 그에게 역사철학은 학문적 인식과는 동떨어진, 학문으로서 근거가 세워질 수 없는 사이비 학문에 지나지 않았다.

과정을 밀어붙이는 원동력으로서 어떤 개념을 설정하는 것이 필요하다고 보았고, 이러한 설정에 가장 적합한 개념이 계몽이라 판단하였다고 볼 수 있다.

내가 보기에, 계몽 개념이 적합한 이유는 다음과 같은 2개의 관점에서 이해될 수 있다.

먼저, 최고도로 계몽이 된 세계인 20세기 전반부의 서유럽에서 파시즘, 나치즘과 같은 일원적인 세계, 곧 세계가 탈주술화 되기 이전의 세계인 일원적인 세계가 『계몽의 변증법』이 구상되고 집필되었던 시기에 실재적인 경험 세계로서 작동하고 있었다는 점에 주목할 필요가 있다. 계몽이 계몽 본연의 이념에 충실하여 올바른 기능을 발휘했으면, 최고도로 계몽된 세계에서 주술적 세계와 같은 일원적 세계가 출현할 수는 없는 것이다. 여기에서 계몽과 탈주술화가 서로 접점을 형성할 수 있으며, 20세기 전반부의 계몽된 세계가 주술적 세계와 같은 일원적 세계로 타락하는 것에 대해 계몽에 책임이 있다는 논리가 성립할 수 있는 것이다.

이어서, 최고도로 합리화된 세계인 20세기 전반부의 서유럽에서 가장 비합리적인 지배 체제인 파시즘, 나치즘이 실재적인 경험 세계로서 출현하였다는 사실을 직시할 필요가 있다. 계몽이 그것에 특유한 합리성이 경험 세계에서 올바르게 기능하도록 역할을 수행했다면, 최고도로 합리화된 세계에서 파시즘, 나치즘과 같은 극단적으로 비합리적인 지배 체제가 구축될 수는 없는 것이다. 여기에서 계몽과 비합리성이 서로 접점을 형성할 수 있으며, 20세기 전반부의 고도로 합리화된 세계가 가장 비합리적인 세계로 전락하는 것에 대해 계몽에 책임이 있다는 논리를 구성할 수 있는 것이다.

호르크하이머와 아도르노는 계몽에 부정적인 기능을 부여하고, 이렇게 함으로써 더 나아가 자연지배 과정과 합리화 과정이 발생시키는 문명의 타락 과정을 계몽의 자기파괴 과정으로서 근거를 세울 수 있었던 것이다. 이러한 근거 세움에서도, 20세기처럼 계몽된 세계에서 발생한 극단적인 야만이 계몽의 자기파괴 과정의 산물이라는 주장을 펼치는 데에도 계몽 개념이 적합하다는 것이 드러난다. 다만 탈주술화 과정과 합리화 과정을 계몽에 수렴시키는 시각은 문제가 없을 수 없다. 학문적 인식의 객관성을 특별히 강조했던 베버가 세계의 탈주술화 테제를 정초하면서 계몽의 개념을 끌어들이지 않았고, 앞에서 말했듯이 계몽이 서구 근대에서 철학적으로 정초된 개념이기 때문이다. 더구나 베버의 논의에서는 변증법적 사유가 원천적으로 인정되지 않은 반면에, 호르크하이머와 아도르노는 탈주술화, 합리화, 계몽을 변증법적 과정으로 본다. 이러한 문제점들이 있음에도 불구하고, 두 저자는 베버의 논의에서 유래하는 합리화를 외적 자연에 대한 지배, 사회에 의한 개별 인간의 지배의 관점에서 수용함으로써, 다시 말해 합리화에서는 도구적 합리성이 동시에 증대되었다고 봄으로써, 자연지배 과정, 합리화 과정, 문명의 타락 과정을 상호 결합시킨 것이다. 이 모든 과정의 책임을 떠맡는 개념이 계몽이다.

셋째로, 계몽과 신화의 변증법의 근거를 세우기 위해 베버의 탈주술화 테제를 끌어들였다는 해석이 가능하다. 계몽을 서구 근대 이후의 사상으로 한정하여 바라보는 시각으로는 원시제전, 탈주술화, 신화와 같은 개념들과 계몽을 상호 연관시켜 사유할 수는 없기 때문이다.

결론적으로 말하면, 원시제전부터 20세기 전반부에 이르는 문명의 타락사를 계몽이 추동한 도구적 이성의 관점에서 재구성하려는 의도를 가졌던 두 저자는 베버의 탈주술화 테제를 계몽에 끌어들여 문명의 타락 과정의 책임을 계몽에 귀속시킨다고 볼 수 있다.

이 점을 『계몽의 변증법』에 대해 비판적인 시각을 가진 학자들이 지속적으로 지적한다. 이 책은 문명사를 계몽의 자기파괴 과정과 도구적 이성에 환원시켜 바라보았을 뿐이라는 것이다. 그러나 이러한 비판은 큰 반향을 불러일으키지 못했다. 『계몽의 변증법』이 철학, 사회학, 심리학, 경제학, 고전문헌학 등과 문학, 예술, 종교를 아우르는 초학제적이고도 다각적인 시각을 통해 문명의 타락을 통찰함으로써 매개하는 인식의 다층성·다의성·다차원성은 그러한 비판을 무력화시키기에 충분하였기 때문이다. 이 책이 성취하는 인식의 이러한 특징이 이 책을 20세기 최고의 고전의 반열에 올려놓은 원동력이기도 하다.

물론 두 저자의 의도는 계몽에 문명의 타락의 책임을 떠넘기는 것에서 끝나지 않는다. 계몽이 스스로의 과오를 자각하고 계몽에 대해 자각함으로써 계몽이 구축한 문명의 타락과 불의의 연관관계로부터 벗어날 것을 강조하는 것이 두 저자의 최종적인 의도이다.[28]

3. 신화

앞에서 설명한 것처럼,『계몽의 변증법』은 계몽의 개념을 근대 서구 사상의 전통에서 통용되어 온 맥락에서 사용하지 않음으로써 독자에게 당혹감을 불러일으켰다.

이러한 어려움은 계몽과 신화의 착종관계, 또는 계몽과 신화의 변증법이라는 사유를 접하면 더욱더 가중된다. 서구 근대에서의 계몽이 신화와 대척점을 이룬다는 것은 서구 사상에서 일반적으로 인정되는 시각이지만, 계몽이 탈주술화가 개시된 시점부터 신화와 변증법적으로 얽히고설키는 관계를 형성한다는 시각은 서구 사상에 낯선 것이었다. 따라서 계몽과 신화의 변증법적 착종관계는『계몽의 변증법』의 해독에 큰 걸림돌이 되는 요인이라고 볼 수 있다.

앞에서 설명한 계몽의 자기파괴 과정의 개념을 통해 계몽과 신화의 변증법을 큰 틀에서 일단 이해할 수 있다. 단적으로 말해서, 계몽과 신화의 변증법은 계몽의 자기파괴 과정이다. 계

---

28 이에 대해서는 6장에서 살펴볼 것임.

몽의 자기파괴 과정을 신화와 관련시켜 근거를 세우려는 호르크하이머와 아도르노의 의도는 94쪽에서 이미 인용한 구절인 "… 완벽하게 계몽된 지구는 환호성을 올리는 해악의 기호에서 찬란한 빛을 비추고 있다. […] 계몽은 **신화들을 해체하고**[29] 지식을 통해서 자만심을 받쳐 주려고 하였었다"(DA 7)에서 명백하게 드러난다.

두 저자는 위 구절에서 계몽과 신화의 변증법을 이미 보여 주고 있다. 신화는 특정 종족이나 집단에 속하는 인간을 신들의 이야기에 종속시켜 인간을 정신적으로 지배하는 속성을 갖는바, 인간을 신화의 속박으로부터 해방시키는 속성을 가진 계몽이 "해악의 기호에서 찬란한 빛을 비추고 있다"는 표현은 계몽이 인간을 신화에 다시 묶어 놓는다는 의미로 해석될 수 있기 때문이다.

「계몽의 개념」 서두에서 이처럼 그 모습을 이미 드러내는 계몽과 신화의 변증법을 이해하는 것은 『계몽의 변증법』의 핵심에 진입하기 위해 절대적으로 중요하다. 나는 호르크하이머와

---

29 강조는 필자에 의한 것임.

아도르노가 사용하는 의미에서의 계몽을 일차적으로 해설하였으므로 이제 신화에 대해 살펴보고자 한다.

앞에서 언급했듯이, 신화가 갖는 원래의 의미는 이야기이다. 그러나 신화는 인간과 인간이 서로 나누는 단순한 이야기가 아니다. 신화는 특정 종족이나 특정 집단에 속하는 인간들을 상징의 기능을 갖는 신들의 이야기에 묶어 두는 이야기이다. 신화는 특정 시대에서 그 영향력을 발휘하지만, 영향력이 시대를 뛰어넘어 지속되는 경우도 있다. 신화는 근본적으로 상징의 속성을 지닌다. 상징은 사물(태)을 전달하는 매개적인 기능을 갖는 것을 총칭하는 개념이며, 감각 형상, 인식의 표지, 기호 등으로 출현하는바, 신화는 상징이 갖는 이러한 성격과 정확하게 일치하기 때문이다. 신화는 "특정 종족들이 특정 시대에 갖는 확실한 원체험들의 상징적인 표현으로서의 전설"[30]이다.

자연-인간-사회의 관계에서 볼 때, 신화는 인간이 자연에의 완전 종속상태에 예속되어 있다가 자연의 공포로부터 벗어나

---

30 Georgi Schischkoff & Heinrich Schmidt(hrsg.)(1982), *Philosophisches Wörterbuch*. 21, Aufl., Stuttgart: Alfred Kröner Verlag, p.472.

기 위해 실행하는 원시제전, 여기에서 중심적인 역할을 하는 주술의 단계를 거쳐 자연을 신들의 이야기를 통해 상대하기 위해 고안한 새로운 형식이라고 볼 수 있다. 인간이 인간의 능력을 초월하는 절대적이고 영원불멸하며 성스러운 존재인 신을 설정하는 것도 역시 자연이 인간에게 가하는 공포로부터 벗어나기 위해 고안한 형식이다. 인간이 자신보다 절대적으로 우위에 있는 신에게 자신을 의탁함으로써 자연의 위력으로부터 자기 보존을 성취하기 위해 탄생한 형식이 바로 신화라고 볼 수 있다.

호르크하이머와 아도르노는 이를 계몽의 관점에서 파악한다. "계몽은 예로부터 신인동형설, 곧 주체적인 것을 자연에 투사시키는 것을 신화의 근거로서 파악해 왔다(DA 10). 인간이 자신을 자연에 비슷하게 하는 것을 넘어서서 자연에 주체적인 것을 투사시키는 사고와 행위의 산물이 신화이다. 인간은 신화를 고안해 냄으로써 원시제전에서 자연을 상대하는 태도보다는 더욱 적극적으로 자연에 영향을 미치려는 의지를 드러내는 것이다.

『계몽의 변증법』은 신들의 이야기가 교설이 됨으로써 인간에 대해 지배력을 강화하는 과정을 다음과 같이 기술하고 있다.

"신화는 보고하고 명명하며 원천을 말하려는 의도를 갖고 있었다. 그러나 신화는 이렇게 함으로써 서술하고 붙들어 매며 설명하려는 의도를 갖고 있었다. 이것은 신화들의 기록 및 수집과 더불어 강화되었다. 신화들은 일찍이 보고報告로부터 교설教說이 되었다." (DA 11)

보고로부터 교설이 된다는 것은 자연과 인간에 대한 신화의 지배력이 강화되는 것을 의미한다. 이렇게 해서 신화는 인간을 속박하는 강도를 증대시킨다. 신화가 교설로 되면서 신화는 인간을 동일한 것의 반복 속에 묶어 놓는다.

"인도, 그리스 신화의 세계도 여전히 출구가 없으며 영구히 동일하다. 모든 탄생은 죽음으로 지불되며, 모든 행복은 불행으로 지불된다." (DA 18)

신화에 의해 지배되는 인간의 삶은 동일하게 반복적으로 재생산되는 삶이다. 동일한 삶의 반복적인 재생산은 아도르노의 사회이론이 제기하는 핵심 테제들 중의 하나이다. 예컨대 파시즘, 나치즘과 같은 전체주의적 지배 체제에 갇힌 개별 인간들은 이 체제로부터 빠져나갈 수 없다. 파시즘, 나치즘은 신화가 개별 인간들에게 출구를 허용하지 않는 것처럼 바로 그렇게 이 체제들에 갇힌 개별 인간들에게 닫혀 있으며, 이 체제들에서 개별 인간들의 삶은 항상 동일하게 재생산된다. 이어지는 해설에서 더 구체적으로 드러나게 될 것이지만, 신화와 파시즘은 지배력에서 원리적으로 동질적이다.

원시제전이 제전 참가자들에게 부자유한 노동과 권력에의 의존을 강요하듯이 바로 그렇게, 신화도 인간을 신화에 묶는다. 『계몽의 변증법』이 볼 때, 원시제전의 실행, 이에 뒤이은 신화의 탄생은 인간이 자연의 위력으로부터 자신을 지키려는 자기 보존의 강제적 속박으로부터 발원하기 때문이다. 신화는 인간의 삶을 관리하고 지배하는 구체적인 형식인 사회와 함께 기능하면서 인간의 삶을 신화에 가두어 놓는다. "태고에는 삶과 죽음이 신화들에서 그 의미가 해석되고 신화들에 얽혀 있었다"(DA 9). 삶과 죽음을 관리하는 형식은 사회이다. 신화는 사회의 작동을 통해 인간을 속박하는 강제적 틀이며, 따라서 근대 서구의 계몽사상은 인간에게 빛을 비추어 주면서 인간을 신화로부터 해방시키려는 이념을 갖고 있었던 것이다. 신화와 계몽은 이처럼 대척적이다. 그럼에도 『계몽의 변증법』에서 계몽은 신화가 되었다는 충격적인 논리를 전개하는 것이다. 두 개념이 수렴되는 지점은 대상에 대한 지배력과 폭력이다.

지금까지의 해설을 통해 독자들은 호르크하이머와 아도르노가 문명의 타락 과정을 학문적으로 근거 세우는 일에서 왜 신화를 끌어들였는가를 어느 정도 알아차렸을 것이다. 인간에 대해 절대적인 위력을 가진 자연, 인간을 지배하는 강제적 속박의 틀로서의 권력을 가진 신화로부터 해방되는 목표를 갖고 출범한 계몽이 그것의 발달 과정에서, 곧 문명의 발달 과정에서 인간을 강제적으로 묶는 신화로 퇴행하였다는 논리를 구성하기 위해 두 저자는 신화를 끌어들이고 있는 것이다.

이 점을 20세기 전반부에 창궐한 파시즘, 나치즘을 예로 들어 들여다보면, 계몽과 신화의 관계가 더욱 명백해진다. 『계몽의 변증법』에 파시즘, 나치즘은 완벽하게 계몽된 지구에서 20세기 전반부에 출현한 신화이다. 예컨대 나치즘은 하켄크로이츠(卐)를 상징으로 사용하였다. 상징으로서의 하켄크로이츠는 기호에 지나지 않지만, 이것은 사물(物)을 전달하는 매개적인 기능을 총체적으로 독점하면서 독일인들뿐만 아니라 나치즘의 지배를 받는 유럽인들을 강제적 속박의 틀에 가두어 놓는다. 하켄크로이츠는 완벽하게 계몽된 시대에서 출현한 신화의 표지이며, 이 표지는 인간의 삶을 동일하게 반복적으로 재생산하는 위력을 갖는다. 하켄크로이츠의 지배력 아래에서 인간의 동일한 삶의 반복적인 재생산이 이루어지는 것이다.

20세기 전반부의 서유럽은 계몽에 의해 완벽하게 계몽되었음에도 불구하고, 하켄크로이츠에서 드러나듯이, 계몽의 산물인 나치즘은 독일인들과 나치즘의 지배 아래에 놓여 있었던 유럽인들을 ─개념의 발달, 철학, 법률학, 자연과학이 성취한 개념의 발달과 인식 진보를 인간을 지배하는 수단으로 조작하고 악용하면서─ 자체로서 닫힌 강제적 속박의 틀인 신화에 철저하게 예속시킨다.

4. 계몽과 신화의 변증법

독자들은 여기까지 진행된 해설을 통해 계몽과 신화의 변증법을 어느 정도 이해하게 되었을 것이다. 이제 원문을 인용하여 이 변증법에 더 깊게 들어가 보기로 한다. 이를 위해서는 호르크하이머와 아도르노의 충격적인 시각을, 곧 계몽이 왜 신화와 착종관계를 형성하는가 하는 시각을 살펴보아야 한다. 신화의 지배력으로부터 인간을 해방시키려는 이념을 가진 계몽이 다시 신화에 빠져드는 퇴행을 두 저자는 다음과 같이 기술하고 있다.

"신화들이 이미 계몽을 실행하듯이, 계몽도 그것이 내딛는 발걸음들의 모든 발걸음과 함께 신화 속으로 더욱 깊게 휩쓸려 들어간다. 신화들을 파괴시키기 위해 계몽은 모든 재료를 신화로부터 받아들이며, 방향을 지시하는 것으로서의 계몽은 신화적인 강제적 속박의 틀에 빠져든다. 계몽은 운명의 과정에 스스로 보복을 가함으로써 운명의 과정으로부터 빠져나오려고 한다." (DA 14)[31]

이 인용문의 첫 문장은 『계몽의 변증법』을 연구한 거의 모든 논문과 저작들에서 인용되는 유명한 문장이다. 이 문장은 독자들이 『계몽의 변증법』의 세계에 들어가는 것을 저해하는 대표적인 문장에 속한다. 이 책이 1960년대까지 이해되지 않은 채 연구자들을 혼란에 빠트렸듯이, 이 문장도 역시 그 의미가 파악되지 않은 채 연구자들을 곤경에 밀어 넣었다.

더구나 이 문장은, 14쪽이라는 숫자가 알려 주고 있듯이, 『계몽의 변증법』의 제1장인 「계몽의 개념」의 앞부분에서 불쑥 튀어나옴으로써 독자를 극도의 미궁으로 몰아넣는다. 독자가 이 책이 사용하는 의미에서의 계몽의 개념과 신화의 개념을 충분히 이해하는 단계에 도달했을 경우에도 이 문장을 이해하는 것이 어려울 것인데, 호르크하이머와 아도르노는 독자의 입장을

---

31 나는 이 구절에 대해 비교적 상세하게 해설하려고 한다. 계몽과 신화의 변증법이 매우 중요하기 때문이다. 『계몽의 변증법』의 해석과 관련하여 내가 프라이부르크 대학 유학 시절에 경험한 것을 독자들에게 들려주어도 될 것 같다. 당시 이 대학 철학과에서 우테 구초니(Ute Guzzoni) 교수의 지도로 『계몽의 변증법』 세미나가 개설되었는데, 90분 동안 진행된 세미나에서 2개 또는 3개 정도의 문장이 토론의 대상이 되었다. 예컨대 여기에 인용한 구절은 90분 단위의 세미나에서도 토론이 제대로 이루어질 수 없는, 인식의 다층성과 의미의 다양성을 포함하고 있는 구절에 속한다고 볼 수 있다.

전혀 고려하지 않은 채 계몽과 신화의 변증법을 일방적으로, 그것조차도 추상적인 표현으로 알리고 있는 것이다.

신화들이 계몽을 실행한다는 것은 계몽을 탈주술화 관점에서 보았을 때만이 이해가 되는 주장이다. 인간이 신화를 고안해 냄으로써 일원적 세계상인 주술적 세계상으로부터 인간을 해방시킨다는 것은, 곧 인간이 탈주술화를 추동한다는 것은, 인간을 주술로부터 해방시키는 발걸음이 되고, 이는 인간에게 빛을 비추어 주는 진보에 해당한다.

그러나 호르크하이머와 아도르노가 볼 때, 진보의 발걸음인 계몽은 "그것이 내딛는 발걸음들의 모든 발걸음과 함께 신화 속으로 더욱 깊게 휩쓸려 들어간다." 계몽이 그것의 발걸음을 내딛으면, 다시 말해 계몽이 탈주술화를 추동하고 신화를 해체하는 발걸음을 내딛으면, 이 발걸음은 "신화 속으로 더욱 깊게 휩쓸려 들어간다"는 주장은 계몽이, 신화가 인간에게 출구를 허용하지 않듯이 바로 그렇게, 인간을 출구가 없는 세계에 가두어 둔다는 것을 의미한다. 여기에서 주목할 것은 "더욱 깊게"라는 표현이다. 두 저자가 볼 때, 계몽은 신화가 인간을 묶는 것보다도 더욱 강력하게, 인간을 계몽이 만들어 내는 강제적 속박의 틀에 묶어 두는 위력을 갖는다. 이것은 계몽이 자행하는 폭력이 신화가 인간에게 행사하는 폭력보다 강하다는 것을 의미한다. 이는 이어지는 해설에서 더 상세하게 드러나게 될 것이다.

"신화들을 파괴시키기 위해 계몽은 모든 재료를 신화로부터 받아들인다"는 주장은 신화와 계몽을 탈주술화의 관점에서 보면 어렵지 않게 이해가 된다. 이미 설명하였듯이, 주술적 세계상은 일원적 세계상이다. 주술적 세계상에서 세계는 오로지 하나이며, 세계는 "주술이 걸려 있는 정원"이다. 신화들의 탄생은 이러한 일원적 세계상의 해체를 의미한다. 다시 말해, 신화가 탈주술화를 추동하는 것이다. 신화들은 일원적 세계상에 갇혀 있지 않으며, 다수이고 다양한 형식으로 출현한다. 신화들은 세계에 존재하는 대상들에 대해 각기 다른 방식으로 다양하게 이야기하며, 대상들에 대해 "보고하고" 대상들에 이름을 부여하여 대상들을 "명명하며" 대상들의 "원천을 말하는"(DA 11) 성격을 갖는다.

신화는 이렇게 함으로써 탈주술화를 실행하며 탈주술화 과정에서 이야기, 보고, 명명, 원천을 말하는 것에 필요한 재료들을 만들어 낸다. 이 재료들은 인간이 신화를 통해 자연의 공포로부터 벗어나는 시도에서 "방향을 지시하는" 역할을 한다. 그러나 방향을 지시하는 역할은 인간을 신화에 가두는 것을 의미한다. 앞에서 인용한 구절은 신화가 추동하는 탈주술화에 내재하는 이러한 속박이 계몽에도 해당된다는 것을 주장하고 있다. 이를 더욱 구체적으로 살펴보기로 한다.

계몽은 주술을 해체하고, 다음 단계에서는 신화를 해체하는 과정을 실행한다. 이 과정이 바로 계몽이 추동하는 탈신화화 Entmythologisierung 과정이다. 계몽은 신화를 파괴함으로써 신화가 그대로 존속되도록 놓아두지 않는 것이다. 계몽은 탈신화화를 추동하는 과정에서 신화에 내재하는 이야기하기, 보고하기, 명명하기, 원천을 말하기가 구사하는 재료들을 신화로부터 받아들이고, 이를 이용하여 신화를 파괴한다. 계몽은 신화들이 차지하는 자리를 해체하고 그 자리를 차지하기 위해 신화들로부터 재료를 받아들이는 것이다.

계몽도 신화처럼 사물(태)들에 대해 이야기하고 보고하며 명명하고 원천을 말한다. 그러나 계몽은 이렇게 하는 것에서 신화와는 질적으로 차이를 보인다. 계몽은 사고에 기초하여 개념을 형성하고 개념을 이용하여 논리를 구성하며 더 나아가 개념과 논리를 통해 형식적으로 근거가 세워진 체계를 구축하는 능력을 발휘함으로써 신화가 인간을 구속하는 틀보다 질적으로 진보한 틀을 구축한다. 이 틀은, 그것이 가진 강제적 속박의 성격 때문에, 신화가 구축한 틀과 질적으로 차이를 보임에도 불구하고 본질적으로 동일하다.

계몽이 신화로부터 재료들을 받아들여 신화를 해체하면서 지시하는 방향은 계몽을 다시 신화적인 강제적 속박의 틀에 묶는 것이다. 탈신화화 과정으로서의 계몽의 과정에 내재하는 이러한 신화적인 강제적 속박의 틀이 진화를 거듭하다가 20세기에 이르러 파시즘, 나치즘과 같은 —계몽이 만들어 낸— 신화가 된 것이다. 독자들은 여기에 이르러 파시즘, 나치즘과 같은 전체주의적 지배 체제가 계몽이 만들어 낸 20세기의 신화라는 『계몽의 변증법』의 충격적인 주장을 본질적으로 이해할 수 있을 것이다.

계몽이 신화들을 몰아내고 성취한 결과는 다른 것이 아닌, 바로 신화인 것이다. 신화가 강제적 속박의 틀인 것처럼 계몽도 역시 강제적 속박의 틀이다. 계몽이 만들어 낸 신화는 신화가 구사하는 이야기하기 등의 차원을 넘어선다. 이 신화는 개념과 논리에 기초하는 사고 능력과 대상지배 능력, 논리의 형식화, 이성의 수학화, 체계를 추구하는 학문이 결합하여 창조한 신화이다. 이 신화는 문명이 만든 신화이며, 인간을 신화로부터 해방시키려고 했으나 인간을 원래의 신화에 다시 종속시키는 신화이다. 이 신화의 다른 이름이 계몽이다.

신화가 방향을 지시하듯이 계몽도 방향을 지시하지만, 계몽이 지시하는 방향은 개념, 논리, 체계를 구사하는 인간의 학문적 능력과 결합되어 있다. 계몽이 만든 신화는 학문적 능력과 결합되어 있기 때문에, 다시 말해 개념, 논리, 체계는 인간을 이것들이 구축한 강제적 속박의 틀에 신화보다 더욱 완벽하게 가두어 둘 수 있기 때문에 원래의 신화보다 더욱 폭력적이다. 여기에 이르러 독자들은 이미 앞에서 인용했던 문장들, 곧 "계몽은 독재자가 인간들에 대해 행동하는 것처럼 바로 그렇게 사물들에 대해 행동한다"(DA 12)는 문장(97쪽)과 "그러나 완벽하게 계몽된 지구는 환호성을 올리는 해악의 기호에서 찬란한 빛을 비추고 있다"(DA 7)는 문장(25-26쪽)의 의미를 더욱 확연하게 이해할 수 있을 것이다. 나치즘의 하켄크로이츠(卐)와 같은 기호, 스탈린주의, 마오쩌둥주의 등 전체주의적 지배 체제가 인간을 총체적으로 지배하고 기만하기 위해서 사용하는 여러 종류의 해악의 기호들은, 『계몽의 변증법』에 따르면, 계몽과 신화의 변증법적 착종관계의 산물들이다. 이성의 이름으로 부정적인 역할을 수행하는 도구적 이성, 수학, 자연과학, 철학, 법률학 등에서 성취된 인식 진보에 상응하여 학문적으로 근거가 세워진 개념·논리·체계가 앞에서 말한 해악의 기호들의 생산에 시중을 들며, 그 결과가 바로 계몽이 만들어 낸 신화이다.

나치즘, 스탈린주의 등이 보여 주듯이, 계몽이 만들어 낸 신화는 원래의 신화보다 인간을 더욱 정교하게, 더욱 폭력적으로, 대량 학살이 입증하는 것처럼 더욱 잔혹하게, 더욱 빈틈이 없이 지배한다. 『계몽의 변증법』이 20세기에 창궐한 전체주의적 지배 체제의 발생을 계몽이 추동한 도구적 이성의 병리사病理史의 관점에서 인식할 수 있는 시각을 인류에게 열어 보여 준 것은, ─계몽 개념을 막스 베버가 근거를 세운 탈주술화 과정에 접맥시킴으로써 개념적으로 혼란을 불러일으킬 수 있음과 동시에 개념과 논리의 이해에 어려움을 유발함에도 불구하고─ 전체주의적 지배 체제의 본질을 꿰뚫어 보는 데 기여할 수 있다. 더 나아가 이러한 꿰뚫어 봄이 사람들에게 더욱더 많이 확산되면 될수록, 인류를 전체주의적 지배 체제가 자행하는 폭력, 광기, 해악으로부터 구원할 수 있는 가능성이 증대될 것이다.

"계몽은 운명의 과정에 스스로 보복을 가함으로써 운명의 과정으로부터 빠져나오려고 한다"의 의미를 파악하는 것은 거의 불가능한 일로 보일 정도이다. 이 문장은 해석을 거부하는 성격까지 갖고 있다. 두 저자가 독자들에게 이처럼 부담을 주는 문장을 쓴 이유는 간단하다. 그들은 독자들이 계몽이 저지르는 죄악에 대해 인식하는 것을 바라고 있기 때문이다.

나는 이 문장을 벤야민과 아도르노의 관계에 접맥시켜 해석을 시도해 보려고 한다. 아도르노는 1955년 벤야민 전집의 책임 편집을 맡았었다. 1950년대 중반에 하이데거와 함께 유럽 철학을 대표하는 위치에 오른 사상가인 아도르노가 벤야민 전집의 편집을 맡은 것은 벤야민 사상이 그에게 얼마나 소중한 것인가를 입증한다고 할 수 있겠다. 아도르노는 벤야민 사상의 요체에 진입하기 위해서 필요한 글을 추천한 바 있었는데, 이 글이 벤야민의 「운명과 성격」이다. 이 글에서 벤야민은 사람들이 "성격을 윤리적 연관관계"에, "운명을 종교적 연관관계"에 귀속시키는 것을 비판하고[32] 운명을 "살아 있는 것의 죄의 연관관계"[33]로 보는 통찰을 보여 준다. 이 통찰은 벤야민의 가장 중요한 저작인 『독일 비애극의 원천』을 관통하고 있다. 나는 벤야민의 이 통찰이 아도르노 사상 전체를 관통하고 있다고 본다. 벤야민이 말하는 죄의 연관관계는 아도르노에서 불의의 연관관계이기 때문이다.

이제 앞에서 본 특이한 문장을 해석해 볼 차례가 되었다. 자연이 인간에게 주는 공포로부터 인간을 해방시키려는 의도를 갖고 출범한 탈주술화 과정은, 곧 계몽의 과정은 외적 자연지배와 내적 자연지배를 추동하면서 자연과 인간에 대해 죄를 짓는 과정이다. 계몽이 진행되면 죄의 연관관계가 산출되며, 이는 운명의 과정이다. 계몽이 산출한 죄의 연관관계, 운명의 과정은 계몽을 신화 속으로 빠져들게 하며, 계몽은 이 신화에 대

---

32 Walter Benjamin(1980), *Schicksal und Charakter* in: *Gesammelte Schriften*. Band II · 1, Aufsätze, Essays, Vorträge. Herausgegeben von Rolf Tiedemann und Hermann Schweppenhäuser, Frankfurt/M.: Suhrkamp Verlag, p.173.

33 Ibid., p.175.

해 스스로 보복을 가하게 된다. 계몽이 갖는 본래의 성격은 인간을 신화로부터 해방시키는 것이기 때문이다.

그러나 계몽이 스스로 가하는 보복은 계몽을 신화로 전도된 상태로부터 구출하지 못하고 다른 차원의 신화에 빠져들게 한다. 이것이 계몽에 내재하는 운명의 과정이다. 계몽은 "운명의 과정에 스스로 보복을 가함으로써 운명의 과정으로부터 빠져나오려고" 하지만, 이 과정으로부터 빠져나오지 못한 채 계몽의 자기파괴를 지속적으로 진행시키다가 마침내 파시즘, 나치즘과 같은 ―계몽이 만들어 낸― 신화에 빠져들고 만 것이다. 결론적으로, 앞에서 본 특이한 문장은 계몽의 자기파괴 과정을 독자들에게 인식시키려는 목적을 갖고 쓰였다고 볼 수 있겠다.

호르크하이머와 아도르노에 따르면, 인간이 계몽에 힘입어 어떤 특정 지점에서 성취한 외적 자연에 대한 지배 능력은 인간을 다시 이 지배 능력에 종속시키며 이와 동시에 인간으로 하여금 자연지배를 계속해서 ―더 높은 단계에서 자연을 지배할 수 있게끔― 추동하도록 강제한다. 두 저자가 볼 때, 인간이 지배된 자연을 새로운 방식으로 더욱 정교하게 지배하지 않으면, 지배되지 않는 자연에 대해 불안감을 느끼기 때문이다. 알려지지 않은 것이 존재한다는 것 자체가 계몽에는 불안이 된다는 것이다. 이러한 불안을 견딜 수 없는 계몽은 앞에서 예거한 능력들을 지속적으로 발전시키면서 외적 자연지배와 이에 상응하여 진행되는 내적 자연지배를 추동하지 않을 수 없게 된다. 계몽은 자기파괴 과정이라는 강제적 속박의 틀로부터 벗어나지 못하는 것이다.

호르크하이머와 아도르노는 계몽이 자기파괴 과정으로부터 빠져나오지 못하는 원인을 불안에서 찾고 있다. 계몽은 자연과 세계에 존재하는 모든 것을 알려지게 했을 때 비로소 불안에서 벗어난다는 것이다.

"알려지지 않은 것이 더 이상 존재하지 않을 때, 인간은 두려움으로부터 자유롭다는 망상을 하게 된다. 이것이 탈신화화Entmytho logisierung의 도정, 그리고 계몽의 도정을 규정한다. 이것이, 신화가 생명력이 없는 것을 생명력이 있는 것과 하나로 만든 것처럼 바로 그렇게, 생명력이 있는 것을 생명력이 없는 것과 하나가 되게 하는 계몽의 도정을 규정하는 것이다. 계몽은 극단적으로 된,

신화적인 공포이다." (DA 18)

계몽이 추동하는 문명은 알려지지 않은 것이 존재하는 상태를 용인하지 않는다. 알려지지 않은 것이 더 이상 존재하지 않을 때, 문명은 불안을 느끼지 않는다. 계몽이 추동하는 문명의 이러한 속성은 오늘날 인간과 동물의 유전자 지도를 만듦으로써 최후의 신비한 영역인 생명을 본질까지 파헤치고 있다. 계몽과 한 몸인 문명에는 생명의 신비조차 알려지지 않은 채 존재해서는 안 되는 것이다. 그 결과 계몽은 알려지지 않은 상태에서 생명력이 있는 것을, 알려진 생명력이 없는 것으로 만드는데, 이것이 바로 계몽의 도정이라는 것이다. 계몽이 알려지지 않은 것을 이렇게까지 용인하지 못하는 것은 호르크하이머와 아도르노의 시각에서는 알려지지 않은 것이 존재하는 것에 대한 공포의 산물일 뿐이며, 이것은 다른 것이 아닌, "극단적으로 된, 신화적인 공포"일 뿐이다.

지금까지 나는 계몽과 신화의 변증법의 근본적인 원리를 해설하려고 시도하였다. 이 변증법은 4장에서 이어지는 해설과 함께 더욱 깊게 파악될 수 있을 것이다. 4장에서는 원시제전에서 시작된 계몽의 과정이 오디세우스가 보여 주는 사고와 행위의 단계, 곧 도구적 이성이 본격적으로 발달하는 단계, 근대 서구 시민사회에서 이성이 형식화되는 단계, 최종적으로 실증주의 단계에서 어떻게 진행되는가를 살펴볼 것이다. 독자들은 이를 통해 프랑크푸르트학파가 문명 타락의 주범으로 제시한, 계몽이 만들어 낸 도구적 이성의 개념에 가까이 다가서게 될 것이다. 이는 독자들이 계몽과 신화의 변증법에 더욱 깊게 들어가는 것을 의미한다.

4장

문명의 타락의 진화·복합화, 도구적 이성의 본격적인 출발

나는 2장과 3장에서 『계몽의 변증법』이 자연-인간-사회관계에서 구축되는 문명의 타락 과정을 이야기하는 책이라는 점을 이 책을 이해하기 위한 전제로 설정하였다. 이 전제 아래에서 『계몽의 변증법』의 세계에 들어가기 위한 가장 근원적인 개념들인 원시제전, 미메시스, 외적·내적 자연지배, 자기 보존, 합리성, 도구적 합리성 등과 계몽, 계몽의 자기파괴 과정, 계몽과 신화의 변증법을 독자들에게 핵심적으로 해설하려고 시도하였다.

이제 원시제전에서 출발한 문명이 타락해 가는 과정을 더욱 구체적으로 살펴볼 차례가 되었다. 나는 이 과정을 문명의 타락의 진화·복합화라고 명명하고자 하며, 이 과정은 도구적 이성instrumentelle Vernunft이 발달해 가는 과정, 곧 도구적 이성이 부정적 의미에서 진보하는 과정을 의미한다. 도구적 이성의 발달은 사고의 형성, 개념의 형성의 발달과 궤를 같이한다. 이러한 과정이 자연지배의 과정과 상응한다는 점은 두말할 나위가 없다.

사고를 형성하는 능력이 발달하면 할수록, 이에 상응하여 개념을 형성하는 능력이 진보하면 할수록, 사고와 개념이 대상을 지배하는 능력이 증대되고 정교해진다. 이러한 지배력은 외적 자연지배, 내적 자연지배, 사회에 의한 개인의 지배의 증대와 강화로 구체화된다. 사고·개념의 형성에 이어서, 철학이 수학의 정확성에 토대를 두어 발달시키는 논리가 등장하며, 개념과 논리를 수단으로 하여 구축하는 체계가 출현한다. 이렇게 해서 개념, 논리, 체계를 토대로 대상에 대한 인식을 성취하는 기관Organ인 이성이 정립되며, 이성은 그것에 고유한 능력인 개념과 논리를 통한 인식으로 세계를 인식하고 해석할 뿐만 아니라 구축하는 역할까지 하게 된다. 이성은 더 나아가 가치에 대한 인식까지 성취함으로써 세계의 상태에 대한 가치판단까지 실행한다. 물론 이러한 능력을 가진 이성은『계몽의 변증법』에 의하면 개념과 대상을 분리시키면서 대상을 지배하는 도구적 이성에 지나지 않는다.

나는『계몽의 변증법』이 마나Mana 단계에서 사고·개념의 형성이 시작된다고 보는 시각을 해설함으로써, 이 책이 이성의 기초가 되는 사고와 개념이 마나 단계에서 이미 길을 잘못 들었다고 보고 있나는 점을 독자들에게 안내하려고 한다.『계몽의 변증법』에 따르면, 도구적 이성은 그것의 원사原史에서부터 이미 사고와 대상을 분리시키는 길에 들어선 것이다. 오디세우스 단계에 이르러 사고와 개념의 형성은 자연지배적 이성, 자기 보존적 이성으로 진화하며, 철학의 단계에서 이성은 대상을 와해시키는 능력을 발휘한다. 철학에 의해 이러한 단계로 진화하게 된 도구적 이성은 근대 서구에서는 이성의 수학화·형식화, 자기 보존 도구로 전락한 학문과의 결합을 통해 대상을 지배하는 능력을 강화하고 증대시킨다. 이성의 이러한 부정적 의미에서의 진화의 정점에 실증주의가 위치한다. 잘 알려져 있듯이, 아도르노는 생애 전체에 걸쳐 실증주의를 비판하였으며, 이는 그가 실증주의에서 도구적 이성의 타락의 정점을 보았기 때문이다.

1. 사고의 형성, 개념의 형성

최초의 사고의 형성은 원시제전에서의 미메시스에서 이미 출발한다. "특정 목적을 지향하고, 이에 상응하여 운용 가능한 수단을 통해 실제에 옮겨지는 행동은 인간이 자연에 대하여 특정 표상을 갖는 것을 사고를 통하여 행하고 있으며, 이렇게 함으로써 자연을 객체화시키는 것을 출범시키기"[34] 때문이다. 미메시스에서 사고가 이미 형성되었다는 시각은 미메시스에서 도구적 합리성의 원형을 볼 수 있다는 시각[35]과 일치한다.

사고의 형성은 개념의 형성이라는 새로운 수단에 힘입어 대상을 지배하는 능력을 더욱 효율적으로 강화·확대시킨다. 개념의 형성은 사고의 형성을 도와주는 역할에서 출발했지만, 대상에 대한 개념의 지배력을 강화하면서 사고와 개념의 관계는

---

34 문병호(2001), 『아도르노의 사회 이론과 예술 이론』, 72쪽.
35 이에 대해서는 2장 5절에서 해설하였음.

분리될 수 없는 관계로 나아간다.

『계몽의 변증법』은 사고의 형성에 뒤이어 시작된 개념 형성의 과정이 마나[36]의 원리에서 본격적으로 출발했다고 보고 있다. 호르크하이머와 아도르노에 따르면, 마나의 원리에서 "자연에 가상과 본질이, [마나의][37] 힘과 그 힘에 영향을 받은 결과가 중첩되는 것"(DA 17)이 시작되었다.

"만약 나무가 더 이상 단순한 나무로 말해지지 않고, 어떤 다른 것에 대한 증명서로서, 마나가 앉아 있는 곳으로서 말해진다면, 언어는 모순을 표현한다. 다시 말해, 어떤 것이 바로 그것 자체이면서 동시에 그것 자체라고 말하는 것과는 다른 어떤 것이 되는 모순을 표현하는 것이다. 어떤 것은 그것과 동일하면서 동일하지 않게 되는 것이다.[38] 신성神性에 의해 언어는 동의이어同義異語

---

36 폴리네시아인들이 비상한 것, 특별한 의미를 갖는 것, 힘이 있는 것, 참된 것, 바른 것 등을 지칭할 때 사용한 개념이다.

37 원문에는 없는 단어이지만 독자들의 이해에 도움이 되도록 이처럼 괄호로 보완하였음.

38 이 각주는 원전에 들어 있음. 그 내용은 다음과 같음. "위베르(Hubert)와 모스(Maus)는 미메시스의 '교감'이 주는 표상 내용을 다음과 같이 서술하고 있다: '하나는 전부이다. 전부는 하나에 들어 있다. 자연은 자연을 장악한다.' - H. Hubert et M.

의 반복으로부터 언어로 된다. 개념 아래에서 파악된 것이 갖는 통일체, 곧 표징의 닫힌 통일체로 사람들이 정의하는 것인 개념은 개시 이래로 오히려 변증법적 사고의 산물이다. 이러한 산물에서 모든 것은 그것이 아닌 것이 됨으로써 항상 그것인 것으로 될 뿐이다. 이것이 객체화시키는 규정의 원형原型이었으며, 이러한 원형에서 개념과 사물이 서로 분리되어 나타난다. 호메로스의 서사시에서 이미 폭 넓게 진척되었으며 근대의 실증적인 학문에서 재빠르게 움직이는 규정과 동일한, 객체화시키는 규정에서 개념과 사물이 분리되는 것이다." (DA 17-18)

마나의 원리는 나무를 나무로서 말하지 않고 마나가 앉아 있는 곳으로 말하는바, 이러한 원리에서는 사물과 개념이 서로 떨어져 나간다. 사물인 나무가 있는 그대로의 나무인 나무로 말해지지 않고, 비상한 힘을 갖고 있는 마나가 앉아 있는 곳으로 규정됨으로써 개념 형성에 의해 나무의 본질이, 나무의 있는 그대로의 본질과는 관계가 없이 규정되는 것이다. 개념 형

Mauss, *Theorie generale de la Magie, Hubertin*: L'Année Sociologique. 1902-3, S. 100."

성 과정은 이미 마나의 단계에서 이처럼 대상에 대한 개념의 지배력을 과시한다. 개념 형성의 위력으로 인해 언어는 모순을 표현하는 도구로 된다. 어떤 것은 바로 그것 자체로서 존재해야 함에도 어떤 것을 개념을 통해 그것 자체라고 말하는 것과는 다른 것으로 되는 것이다. 이렇게 해서 "어떤 것은 그것과 동일하면서 동일하지 않게 되는 것이다."

이를 자연에 적용해 보면, 그 뜻이 명확해진다. 자연이 있는 그대로의 자연으로 존재하지 않고, 개념이 투입되어 지각되는 것으로의 자연이 자연에 중첩되기 시작했다는 것이『계몽의 변증법』의 논리이다. 자연에 대한 개념 형성의 결과로 산출된 자연이 원래의 자연에 중첩됨으로써 자연은 자연과 동일하면서도 동일하지 않게 된다. 있는 그대로의 자연이 자연의 본질이라면 개념이 투입되어 지각되는 것으로서의 자연은 자연의 가상假像, Schein이다. 자연에의 완전 종속 상태나 원시제전에서의 자연의 상태에서는 자연이 본질로서 존재하는 것이 가능했지만, 이미 마나의 단계에서 자연은 [본질+가상]의 상태로 존재하게 된다.

외적 자연지배의 과정이 진행되면서 자연에서 본질의 요소가 축소되고 가상의 요소가 확대된다. 오늘날 과학기술 문명에 의해 거의 완벽하게 지배된 원래의 자연은 그 본질을 거의 상실하였고, 과학기술문명이 구사하는 개념들이 자연에 대해 규정하는 것이, 다시 말해 가상에 불과한 이러한 규정이 마치 자연과도 같은 것이 되고 말았다. 이렇게 볼 때, 마나의 원리에서 "자연에 가상과 본질이, [마나의] 힘과 그 힘에 영향을 받은 결과가 중첩되는 것"이 시작되었다는 시각은 설득력이 있다고 볼 수 있다.

마나가 갖고 있는 신성에 의해 언어는 모순을 표현하는 도구로 된다. 언어가 어떤 것을 있는 그대로의 어떤 것이라고 표현하지 않고, 어떤 다른 것에 대한 증명서가 되면, 언어는 동의이어의 반복으로 된다. 언어가 언어에 고유한 표현 기능을, 곧 언어가 사물을 충실하게 표현함으로써 사물을 있는 그대로의 사물로 표현하는 기능을 상실하고 동의이어로 되는 것이다. 개념형성의 시작 단계에서 언어는 모순을 표현하는 것으로 되며, 학문의 발달과 함께 모순을 표현하는 수단들과 방식들이 진화함으로써 나치즘과 같은 단계에서는 총체적인 언어 조작의 도구로 전락한다.

동의이어는 아도르노의 저작들에서 자주 등장하는 개념이다. 그는 언어를 동의이어의 반복으로 전락시키는 대표적인 예를 실증주의에서 본다. 실증주의는 어떤 것을 있는 그대로 '어떤 것'이라고 기술하지 않고, 실증주의가 구사하는 방법론에 의해 포착되는 것이라고 기술하기 때문이다. 실증주의에서는 방법론이 사물(態)에 대해 절대적인 우위를 점하면서 방법론에 의해 규정된 사물(態)들이 동의이어로 기술되는 결과에 이르게 된다는 것이다.

"모든 것은 그것이 아닌 것이 됨으로써 항상 그것인 것으로 될 뿐이다"라는 다소간 충격적인 문장은, 개념이 모든 것을 그것이 아닌 것으로 만듦으로써 모든 것이 개념에 의해 규정된 항상 그것으로 된다는 주장을 펼치고 있다. 사물(態)에 내재하는 사물(態)의 본질이 개념에 의해 박탈당한다는 것이다. 이것이 바로 개념이 대상을 객체화의 틀에 묶는 것이며, 이렇게 됨으로써 "개념과 사물이 서로 분리되어 나타난다"는 것이다.

이렇게 해서, 사고와 개념의 형성은 출발선에서부터 길을 잘못 들어선 것이다. 『계몽의 변증법』이 볼 때, 사고가 대상을 있는 그대로 보아 사고와 대상을 상호 일치시키는 방향으로 사고가 진행되는 것이 올바른 길임에도, 그리고 사고를 기술하는 개념은 대상을 있는 그대로 기술하는 것이 올바른 길임에도, 개념은 마나의 힘을 빌려서 올바른 길에서 벗어남으로써 대상과 분리되는 잘못된 길로 들어섰다는 것이다.

사고가 대상 친화적인 방향으로 진행되면, 이에 따라 개념도 역시 대상을 있는 그대로 기술하는 방향으로 형성될 것이다. 그러나 사고가 대상과 분리됨으로써 사고의 결과를 서술하는 수단인 개념도 역시 대상과 분리되는 방향으로 형성된다. 사고와 개념의 형성에서 보이는 이러한 분리는 사고와 개념이 대상을 일방적으로 지배하는 방향으로 형성되는 것을 의미하며, 사고와 개념의 형성에 토대를 두어 기능하는 이성도 이에 따라 대상을 지배하는 방향으로 구축된다. 그 결과 이성은 대상을 지배하는 도구로 전락하게 된다.

앞선 인용문의 마지막 부분에 호메로스의 서사시에 대한 언급이 있듯이, 사고 형성과 개념 형성은 오디세우스 단계에서 마나 단계와는 다른 차원으로 진화한다.

2. 오디세우스의 개념 형성 능력, 도구적 이성의 본격적인 출발

원시제전에서의 자연지배와 함께 출범한 문명은, 곧 『계몽의 변증법』의 언어를 사용하자면, 세계의 탈주술화 과정을 추동하는 계몽은 『오디세이아』 단계에 이르러 자연지배의 수단들을 진화시킨다. 자연지배의 수단들이 복합적으로 진화하는 것이다. 이러한 진화·복합화는 오디세우스가 신화적인 힘들과 대결하는 과정에서 보여 주는 자기 보존적 전략들에서 이루어지며, 이 전략들은 오디세우스의 —사고에 토대를 둔— 개념 형성 능력에 힘입어 성립한다.

오디세우스 단계에서 도구적 이성이 어떻게 본격적으로 발달하는가를 살펴보기에 앞서 「보론 I. 오디세우스 또는 신화와 계몽」이 어떤 성격을 갖는 글인가를 언급할 필요가 있다. 『계몽의 변증법』을 구성하는 여러 개의 장 중에서 「계몽의 개념」이라는 제목이 붙은 제1장은 이 책의 몸통에 해당하는 장이라고 볼 수 있으며, 문명의 타락, 계몽의 자기파괴 과정, "합리성과 사회적 현실의 착종관계, 이 관계와 분리될 수 없는 자연과 자연지배의 관계"(DA 5)를 이론적 관점에서 고찰하고 비판한 글이다. 나는 제1장을 관통하는 변증법이 자연지배의 변증법, 계몽과 신화의 변증법, 합리화와 비합리화의 변증법[39]임을 이미 독자들에게 해설하였다. 이러한 변증법들이 제1장에만 해당하지 않고 『계몽의 변증법』 전체를 관통하는 사유임은 두말할 필요가 없다.

「계몽의 개념」에 이어서 「보론 I. 오디세우스 또는 신화와 계몽」[40]이라는 제목이 붙은 글이 이어진다. 이 글의 다음에 이어지는 글인 「보론 II. 줄리엣 또는 계몽과 도덕」도 역시 보론의 형식을 취하고 있다. 두 개의 글은 보론이라는 명칭 때문에 「계몽의 개념」보다 중요도가 더 낮지 않은가 하는 인상을 불러일으킬 수도 있다. 그러나 이러한 인상을 갖는 것은 크게 잘못된 일이다. 오디세우스 장은 보론이라는 명칭을 갖고 있음에도 이 장이 매개하는 인식은 『계몽의 변증법』에 대한 근본적인 이해

---

39 여기에 추가할 변증법은 주체화와 사물화의 변증법이다. 다른 세 가지 변증법에 관련된 개념들과 사유는 제1장의 텍스트에 기술되어 있으나, 주체화와 사물화의 변증법에 관련된 개념들은 제1장에 기술되어 있지 않다. 이 변증법은 특히 알브레히트 벨머가 제시한 내용이다. 그는 이 변증법이 『계몽의 변증법』 전체에 걸쳐 퇴적되어 있음을 주장하였고, 그의 주장은 학계에서 일반적으로 수용되었다.

40 이하에서는 오디세우스 장으로 축약함.

를 위해서 절대적으로 중요하다. 오디세우스 장에서 호르크하이머와 아도르노[41]는 내적 자연지배, 곧 자기 주체의 자기 포기의 개념, 다른 말로 하면 주체성의 원사原史 개념을 제시하고 있기 때문이다. 주체성은 그것의 원사 단계에서 이미 자기 주체를 자기 스스로 포기하지 않을 수 없었다는 것이다.

오디세우스 장은 1970년대까지도 제대로 이해되지 않은 채 머물러 있었다. 이 장이 매개하려는 인식이 도대체 무엇인가를 파악하는 것이 독일 학계에서조차 혼란을 불러일으켰기 때문이다.

서구 사상의 전통에서 오디세우스는 모험 정신, 개척 정신으로 무장하고 항해 중에 장애물이 나타날 때마다 지혜와 리더십을 발휘하여 갖은 난관을 극복하고 마침내 목표를 성취한 영웅으로 일반적으로 인식되는 인물이다. 그러나 『계몽의 변증법』은 이런 일반적인 해석을 전적으로 거부하고 서구인들이 납득할 수 없는 해석을 내놓았다. 이런 까닭에서, 오디세우스 장

---

41 아도르노가 오디세우스 장을 집필한 것으로 독일 학계에서 확인되었다. 따라서 이하의 글에서는 집필자를 아도르노로 표기한다.

은 오랜 시간 동안 제대로 해석되지 않은 채 머물러 있었다. 이 장의 본질적인 내용이 제대로 알려지게 된 것은 하버마스가 1980년대 중반 뮌헨에서 프랑크푸르트대학으로 복귀하여 한 강의 『현대성의 철학적 담론』에 들어 있는 글인 「신화와 계몽의 착종」에 의해 가능하게 되었다.

이제 아도르노가 오디세우스의 항해에서 자기 보존적 이성, 곧 도구적 이성을 어떻게 해석해 내고 있는가를 살펴보기로 한다. 오디세우스가 대원들을 이끌고 항해해야 하는 길은 생명을 위협하는 갖은 난관들이 도사리고 있는 바닷길이다. 그는 트로야Troja에서 출발하여 이타카Ithaka에 도착할 때까지 신화적인 위력을 가진 여러 장애물과 대결하지 않을 수 없는 상황에 처하게 된다. 그는 여러 난관에 봉착하여 자기 자신과 대원들을 보존하기 위해 여러 가지 수단들을 구사한다.[42]

---

42 나는 『계몽의 변증법』을 매우 자세하게 깊게 들여다보는 저작을 구상하고 있으며, 이 저작에서 오디세우스 장을 심층적으로 파고들어갈 생각을 갖고 있다. 이어지는 해설에서는 오디세우스가 항해에서 직면하는 난관들을 넘어서기 위해 구사하는 자기 보존적 이성과 자기 포기의 핵심적인 원리만을 해설할 것이다.

1) 자연신들과의 대결, 교환, 간계, 희생

오디세우스의 항해를 가로막는 첫 번째 난관은 자연신들Na-turgottheiten이다. 그는 자연신들을 상대하면서 교환 행위를 수단으로 이용하여 그들을 속인다.

"항해자 오디세우스는 문명화된 여행자가 한때 코끼리 상아를 받고 나서 화려한 유리 구슬을 주었던 것처럼, 바로 그렇게 자연신들을 속인다." (DA 46)

오디세우스는 자연신들에게 선물을 주고, 선물을 받은 자연신들은 오디세우스와 그의 대원들이 자연신들이 지배하는 영역들을 안전하게 지나가는 것을 허용한다. 오디세우스의 행위는 선물과 자기 보존을 서로 맞교환하는 행위이다.[43] 그러나 이러한 교환 행위는 정당한 행위가 아니다. 오디세우스가 주는 선물(A)은 자연신들이 항해를 허용하는 것(B)과 서로 동일하지

---

[43] 오늘날 기업주는 피고용자에게 노동의 대가로 임금을 주고 피고용자는 노동을 통해 자기 보존을 유지한다. 기업주와 피고용자 사이에 교환관계가 성립하는 것이며, 이러한 관계에 근원으로 놓여 있는 원리가 바로 자기 보존이다.

않음에도, 서로 동일한 것으로서(A=A) 교환된다. 이러한 교환은 그러나 단순한 형식의 교환에 머물러 있지 않았다. 그 내부에는 오디세우스의 간계와 희생이 숨어 있다.

"손님이 주는 선물은, 마치 희생물을 바치는 행사처럼, 손님 자신의 책임에 의해 상실된 피를 ─그것이 낯선 자의 피든 해적에 의하여 점령된 정착민의 피든 관계없이─ 보상하고 복수를 꾀한다는 것이다. [···] 오디세우스가 자신을 희생시키는 형식으로 자연신들에게 주는 선물은, 동시에, 자연신들 앞에서 자신을 보존시키려는 원시적인 보험이다." (DA 46-47)

그 내부에 불의가 내재되어 있는 교환관계는 또한 오디세우스가 자신을 희생시키는 형식이기도 하다. 손님인 오디세우스 자신의 책임에 의해 피가 일단은 상실되는 희생이 따르고 있기 때문이다. 그러나 희생은 희생으로 끝나지 않는다. 교환과 희생에는 오디세우스가 자신을 지키려는 계산된 간계가 놓여 있기 때문이다. 오디세우스는 상실된 피를 보상하고 복수를 꾀하려는 계산된 간계를 구사할 능력을 갖고 있는 것이다. 오디세우스가 자기 보존을 위해 자신을 일단은 희생시키는 형식을 취하는 것은 자기 주체를 스스로 포기하는 것을 의미한다. 주체를 스스로 포기하지 않으면 자연신들과의 대결에서 자기 보존을 유지할 수 없기 때문이다.

오디세우스는 자연신들과의 대립에서 교환, 희생, 간계의 수단들을 구사함으로써 자기 자신을 보존시키는 데 성공한다. 이렇게 함으로써 그는 자기 보존적 이성을 구축한다. 오디세우스의 이러한 행위는 이성이 자기 보존을 위한 도구로 본격적으로 전락하는 모습을 보여 준다. 원시제전에서 그 원형을 보여 준 도구적 이성은 오디세우스 단계에서 교환, 희생, 간계의 수단들을 구사하는 수준으로 진화하는 것이다.

오디세우스와 자연신들 사이에서 성립된 교환은 교환관계[44]의 원형이다. 앞에서 말했듯이, 교환관계는 불의의 연관관계를 원리적으로 형성한다. 교환관계는 아도르노의 문명·사회·지배·권력·이데올로기·문화산업 비판에서 핵심적인 기능을 갖

---

44 아도르노는 이 개념을 교환원리, 교환법칙, 교환합리성으로 표기하기도 하며, 4가지의 표기 방식은 동일한 의미를 갖고 있다.

는 개념이다.

이 점을 조금 더 구체적으로 들여다볼 필요가 있다. 문명은 교환관계가 기능하지 않고는 작동될 수 없으며,[45] 사회는 사회 구성원들이 각기 갖고 있는 노동력을 값싼 임금과 교환시킴으로써 작동한다. 지배와 권력은 사회 구성원들, 사회 집단, 사회 조직에 교환을 강제한다. 지배와 권력은 교환되는 것들이 서로 동일하지 않음에도 동일한 것으로 강제할 수 있는 위력을 갖고 있기 때문이다.

사회가 작동하면 필연적이고도 객관적으로 산출되는 것인 이데올로기에는 교환관계가 필연적이고 객관적으로 내재한다. 이데올로기를 통해서 동일한 것이 동일하지 않은 것과 교환되기 때문이다. 이것은 예컨대 나치즘이 내건 "노동이 너희를 자유롭게 한다"라는 이데올로기에서 입증된다. 나치즘이 설치한 집단수용소에서 수용자들이 행하는 노동(A)과 나치즘이 말하

---

45 예를 들어 근대 이후의 문명 전개에서 자연과학과 결합된 기술에 힘입어 우위를 점한 서구 문명은 다른 문명을 상대로 동일하지 않은 것을 동일한 것으로 맞교환하도록 강요하였다. 서구식 무기를 제공하는 대가로 비서구 문명권에 대해 막대한 재화를 요구하는 등의 교환관계가 이루어진 역사는 서구 제국주의의 역사이기도 하다.

는 노동의 가치, 곧 노동이 자유를 부여한다는 가치(B)는 서로 동일하지 않음에도 불구하고 "노동이 너희를 자유롭게 한다"라는 이데올로기에서 [A⇎B]가 아닌 [A=A]로 되기 때문이다.

문화산업[46]은 오락성·소비성·일회성·대체성·동일한 것의 반복의 속성을 갖고 있는 문화산업 상품(C)과 문화산업의 상품을 소비하는 인간의 의식(D)을 교환시킨다. C와 D는 동일하지 않음에도 C에 D를 기계적으로 종속시킴으로써 마침내 [C⇎D]가 아닌 [C=C]로 된다. 문화산업은 인간의 삶을 항상 동일한 것의 반복에 묶어 둠으로써 인간에 대한 사회의 지배의 공범으로 기능한다. 교환관계는 이렇듯 불의의 연관관계를 산출하기 때문에 도구적 이성의 작동에서도 근본적인 원리로 기능한

---

[46] 문화산업 비판은 『계몽의 변증법』에서 큰 비중을 차지하지만, 여기에서는 이 개념에 대해 해설하는 것을 생략한다. 문고판 형식의 저술은 『계몽의 변증법』이 들려주는 문명의 타락사를 독자들이 이해하게끔 안내하는 선에서 만족하고자 한다. 문화산업은 인간의 의식을 오락성·소비성·일회성·대체성·동일한 것의 반복에 종속시킴으로써 사회가 인간을 지배하는 데 시중을 드는 이데올로기이다. 아도르노의 문화산업 비판에는 사회이론, 권력이론, 지배이론, 인식론(도구적 이성), 예술이론, 경제이론, 심리학, 양식론 등이 복합적으로 들어 있다. 오늘날 디지털 시대에서 영상기술과 결합한 문화산업은 인류 전체의 삶뿐만 아니라 무엇보다도 특히 한국인들의 삶을 동일한 삶이 반복되는 메커니즘에 묶어 놓고 있기 때문에, 나는 다음 기회에 문화산업에 대한 매우 상세한 해설을 시도할 예정이다.

다. 이처럼 총체적으로 불의의 연관관계를 산출하는 교환관계는 아도르노의 사회이론에서 결정적으로 큰 비중을 갖는 개념이다.

2) 연꽃 마을의 규칙, 감내할 수 없는 것의 감내

오디세우스가 두 번째로 직면하는 난관은 연꽃 마을Lotophagen이다. 이 마을에 사는 사람들은 연꽃을 먹으면서 행복하게 살고 있다. 그러나 이러한 삶의 조건은 감내할 수 없는 것을 감내하는 것, 곧 굴종이다. 이 마을을 지배하는 것은 굴종이다. "… 굴종하는 자에게는 어떤 나쁜 일도 준비되어 있지 않다"(DA 58). 연꽃 마을에서 오디세우스의 대원들은 연꽃의 맛을 즐기면서 "귀환을 거절하려고 애를 쓸 정도로" 연꽃 마을의 규칙에 순응한다. 자기 보존의 가치가 자기 포기의 굴욕을 압도하는 것이다.

"'연꽃의 맛을 한번 즐겼던 자는, 꿀보다도 달콤한, / 자신의 의지를 계속해서 알리는 것을 생각하지도 않고, 귀환도 생각하지 않았으니; / 오히려 대원들은 거기 연꽃 마을에서, / 연꽃을 따면서

거기에 머물러 있으면서 귀향을 거절하려고 애를 썼나니.'[47] 예속
된 계층들은 사람을 취하게 하는 마약과 같은 독毒의 도움을 받
아 감내할 수 없는 것을 감내하게 하는 능력을 냉엄하게 굳어 있
는 사회 질서들에서 갖게 되었던바, 마약과 같은 독을 생각나게
하는 그러한 전원시詩는 자기 보존적인 이성이 그것 내부에서 그
것을 지키면서 존재하는 것을 허용할 수 없다." (DA 58)

"감내할 수 없는 것을 감내하게 하는" 능력은 마약과 같은 독
이며, 마약과 독은 자기 보존의 원리에 들어 있는, 피할 수 없는
요소들이다. 자기 주체를 내던지고 굴종만 받아들이면 마약에
취하듯이 삶을 즐길 수 있지만, 이것은 두 가지의 대가를 요구
한다. 하나는 주체의 자기 포기에 의한 주체적인 삶의 상실이
고, 다른 하나는 주체의 자기 포기에 토대를 두어 작동되는 냉
엄한 사회 질서, 곧 자기 포기를 한 개별 인간들을 항구적으로
지배하는 사회 질서의 고착이다.

---

47 작은따옴표로 표시된 시구는 아도르노가 호메로스의 『오디세이아』로부터 인용한
것임.

오디세우스와 대원들은 자기 주체의 포기를 강요하는 연꽃 마을의 규칙을 받아들이면서 자기 보존을 유지하다가 이 마을을 빠져나간다. 오디세우스는 살아남기 위해서는 자기 주체를 스스로 포기하는 것 외에 다른 방도가 없음을 깨닫고 연꽃 마을의 규칙에 순응하는 것이다. 이것이 바로 주체성의 원사原史이며, 주체성은 이미 원사 단계에서 주체를 스스로 포기하지 않을 수 없었던 것이다.

연꽃 마을에서의 오디세우스의 주체의 자기 포기는 아도르노의 사회이론에서 개별 인간에 대한 사회의 지배를 성립시키는 근본적인 원리에 해당한다. 사회는 개별 인간으로 하여금 자기 주체를 스스로 포기하도록 강제하며, 개별 인간은 사회의 강제에 저항하지 못하고 자기 주체를 스스로 포기함으로써 사회가 강제하는 지배에 순응한다. 순응을 거부하는 것은 자기 보존의 상실을 의미한다. 이렇게 해서, 사회는 사회에 예속된 개별 인간들의 삶을 항상 동일한 삶의 반복에 묶어 두는 것이다.

예컨대 20세기에 창궐했던 파시즘, 나치즘, 일본의 군국주의, 옛 소련과 옛 동구권의 현실 사회주의, 남미, 아시아, 아프리카 지역에서 창궐했고 지금도 여전히 남아 있는 전체주의, 70여 년 이상 지속되고 있는 중국 공산주의와 북한 공산주의, 1961년부터 1987년까지 한국에서 군사독재 정권이 구축했던 전체주의는 개별 인간들에게 감내할 수 없는 것을 감내하게 하는 굴종을 강요하였으며, 지금 이 시간에도 작동하는 전체주의적 지배 체제는 이러한 굴종에 의해 유지된다.

전체주의적 지배 체제의 폭력에 대해 개별 인간들은 자기 자신을 스스로 포기하는 수밖에 어떤 방도를 갖고 있지 않다. 굴종을 거부한 개별 인간들은 자기 보존을 박탈당할 수밖에 없으며, 또한 고문, 테러, 살해의 대상이 된다. 20세기 이전에 존재했던, 대부분의 경우 왕이 권력을 장악했던 지배 체제도 역시 사회에 예속된 개별 인간들이 주체를 스스로 포기하는 것을 강요하는 체제였다. 이렇게 볼 때, 아도르노는 연꽃 마을 규칙의 해석에서 지배의 근본적인 원리를 도출했다고 평가받을 수 있을 것이다.

감내할 수 없는 것을 감내하게 하는 원리는 전체주의적 지배 체제에만 해당하는 것은 아니다. 이 원리는 사회에서 작동하는 거의 모든 사회 조직에서도 기능한다. 예컨대 오늘날의 후기

산업사회, 정보사회에서 가장 중심적인 사회 조직인 대기업은 그 구성원들로 하여금 감내할 수 없는 것을 감내하게 하면서 작동하고 있다고 볼 수 있다. 자기 보존의 강제적 속박에 묶여 있는 대기업의 구성원들은 자기 주체를 주장하기보다는 자기 주체의 포기를 통해서 자기 보존을 유지하는 방도 이외의 다른 선택을 갖고 있지 않기 때문이다. 이러한 원리가 대기업에만 해당하는 것은 결코 아니며, 대다수의 사회 조직들에서 기능하고 있다고 보아야 할 것이다.

3) 폴리펨과의 대결, 단어 조작의 효시

자연신들과 연꽃 마을에서 부딪친 난관을 교환, 희생, 간계, 감내할 수 없는 것의 감내를 통해 자기 보존을 유지한 오디세우스 일행이 다음에 넘어야 할 장애물은 키클로프 폴리펨Kyklop Polyphem이다. 폴리펨은 눈을 하나만 가진 거대한 괴물이자 사람을 잡아먹는 거인이며, 신화적인 위력을 갖고 있다. 오디세우스는 폴리펨이 사람을 잡아먹는 괴물이라는 점에 착안하여 폴리펨의 권리를 인정하면서 아부하는 간계를 구사한다. "오, 폴리펨이여, 인육을 드시고 포도주를 마시소서; 인육에는 포도

주가 잘 어울리는 술이니"(DA 62).

자기 보존을 위해 폴리펨의 환심을 사는 간계를 부린 오디세우스는 자신과 대원들이 폴리펨에게 잡아먹히지 않도록 하기 위해 다음 단계의 자기 보존 전략을 구사한다. 폴리펨이 오디세우스의 이름을 묻자 그는 "이름이 없는 자"라고 대답한다. 오디세우스의 이러한 대답을 들은 폴리펨은 오디세우스를 맨 나중에 잡아먹을 생각을 갖게 된다. 이렇게 해서 오디세우스는 곧바로 잡아먹히지 않을 시간을 얻게 되며, 오디세우스가 제공한 포도주에 취한 폴리펨이 잠들자 이 시간을 이용하여 눈에 불 막대기를 집어넣음으로써 폴리펨의 눈을 멀게 한다. 오디세우스는 눈이 먼 폴리펨이 비명을 지르며 고통을 받는 광경을 바라보면서 "내 이름은 오디세우스"라고 말하면서 폴리펨이 파 놓은 늪을 빠져나간다.

폴리펨 해석에서 중심에 위치하는 개념은 이름을 이용하는 단어 조작이다. 아도르노는 이를 "이름과 사물(태)을 혼동시키는 것"(DA 62)이라고 표현한다. 이름이 있는 자가 이름이 없는 자라고 자신을 속이는 것이 자기 주체의 자기 포기에 해당한다는 것은 두말할 나위가 없다.

단어 조작은 오디세우스의 자기 보존을 폴리펨으로부터 유지시켜 주었지만, 단어 조작이 오디세우스에게 남겨 놓은 것은 오디세우스의 자기 주체의 자기 포기가 그에게 족쇄로 된다는 점이다. 그가 이름이 없는 자로 살 수는 없기 때문이다. 오디세우스가 폴리펨에게 자신을 "이름이 없는 자"라고 속임으로써 탈출구를 마련하였지만 여전히 폴리펨의 영향권에 들어 있는 상태에서 "오디세우스"라고 자신의 이름을 밝히는 행위는 그를 강제적 속박의 틀에 묶게 된다. 오디세우스가 "자신의 고유한 자기 동질성을 재생산하지 않으면 다시 이름이 없는 자가 되는 것을 두려워해야 되는"(DA 63) 처지에 몰리게 되기 때문에, 그는 자신의 이름을 알려 주지 않을 수 없는 것이다. "이름이 없는 자"라고 자신을 속이는 간계를 사용하는 오디세우스의 주체 포기는 그것 자체로 오디세우스에게 강제적 속박으로 되면서 "이름과 사물(태)을 혼동시키는 것"을 반복해야 하는 것이다. 단어 조작은 조작을 실행한 자에게 족쇄가 되면서 단어 조작을 지속적으로 실행하도록 강제하는 것이다.[48]

---

48 이에 대해서는 4장 2절 7항에서 더 자세하게 살펴볼 것임.

오디세우스와 폴리펨의 대결에서 보이는 단어 조작은 특히 독일의 나치즘에서 선전 선동 이데올로기의 형식으로 극단적으로 창궐하였던 단어 조작의 효시로 볼 수 있다. 단어 조작은 전체주의적 지배 체제들에서 특히 창궐하며 지배 이데올로기 생산에서 중심적인 역할을 한다. 어떤 특정 단어가 어떤 특정 사물(態)을 있는 그대로 지칭할 때, 단어와 사물(態)이 일치하며 사물(態)이 단어를 통해 조작되지 않는다. 나치즘의 지배 체제에서의 단어 조작에 가장 핵심적으로 사용되었던 단어가 바로 질서Ordnung이다. 질서라는 단어는 나치즘 지배 체제의 작동과 유지에 핵심적인 기능을 떠맡으면서 갖은 종류의 불의와 폭력을 자행하는 데 시중을 들었다.

질서는 사물(態)이 순서와 차례에 따라 혼란이 없이 순조롭게 되는 상태이다. 질서는 혼란과는 전적으로 대척관계에 놓여 있는 개념이다. 나치즘은 대량 학살, 침략 전쟁, 선전 선동을 통한 대중 동원, 종족 개념을 사용한 이데올로기 조작, 의사 표현의 자유 말살 등 극도로 혼란스럽고 유혈을 부르는 사태들을 유발시켰음에도, 이러한 혼란을 질서라는 이름으로 치장하였다. 나치즘은 질서라는 "이름"과 혼란스러운 "사물(態)을 혼동시키는"

단어 조작을 자행한 것이다. 이러한 단어 조작은 나치즘의 죄악을 질서라고 조작하는 기능을 떠맡음으로써 지배 이데올로기의 작동에서 하수인과 같은 역할을 한다.

나치즘의 단어 조작은 그것 자체로 족쇄가 되면서 단어 조작을 지속적으로 실행하게끔 강제하였다. 특정 단어를 통한 대중 조작이 효율성을 상실하면, 단어 조작을 지배의 수단으로 사용하는 지배 체제는 다른 특정 단어를 이용하는 단어 조작을 출현시키지 않을 수 없는 것이다. 예컨대 북한의 전체주의적 지배 체제에서 장기간 지속되고 있는, 주체사상이라는 단어를 통한 단어 조작은 그것 자체로 강제적 속박의 틀이 되면서 단어와 사물(태)을 혼동시키는 것을 지속하게끔 강제하며, 단어 조작은 지금 이 시간에도 여전히 지속되고 있다. 다만 주체사상이라는 단어 조작을 떠받쳐 주는 하위 단어들이 시대적 상황에 따라 바뀔 뿐이다.

나치즘에서의 단어 조작에도 물론 주체의 자기 포기의 원리가 들어 있다. 나치즘의 지배 체제를 주체로 볼 때, 이 주체가 '혼란스러운 상태'를 단어를 이용하여 '질서'라고 조작하는 것은 '이름이 있는 자'가 단어를 이용하여 '이름이 없는 자'라고 조작하는 것과 마찬가지이기 때문이다. 단어 조작은 나치즘뿐만 아니라 지구상 어디에나 존재하였고 현재 존재하는 모든 전체주의적 지배 체제에서 자행되는 지배 수단이다. 『계몽의 변증법』은 이처럼 부정적인 단어 조작을 오디세우스의 자기 보존적 이성, 곧 도구적 이성에서 해석해 내고 있으며, 이 점에서도 이 책의 시의성이 명백하게 입증된다.

4) 키르케와의 대결, 성적인 관계와 자기 포기

단어 조작을 통해 폴리펨으로부터 자기 보존을 유지한 오디세우스가 항해에서 마지막으로 부딪히는 장애물은 마녀 키르케 Kirce이다. 오디세우스와 키르케의 대결에 대한 아도르노의 해석은 특히 다층적·다의적이면서 난해하여 해독하는 것이 쉽지 않다. 그럼에도 이 해석에 근원으로 놓여 있는 것은 자기 보존과 자기 포기이다.

키르케는 자기 주체를 스스로 포기하는 남자에게 성적 쾌락을 제공하는 마녀이며, 인간을 동물로 바꾸는 마력을 지니고 있다. 키르케는 매춘부의 원형이라고 볼 수 있는 여자이다. "키르케는 남자들이 충동에 그들을 내맡기도록 남자들을 유혹한다. 예로부터 사람들은 유혹된 자가 지니게 되는 동물적 형상을 키르케의 유혹과 연관시켰으며 키르케를 매춘부의 전형으로, 자명성自明性으로서의 성적인 주도권을 키르케에게 밀어붙이는 헤르메스Hermes[49]의 시구詩句들에 의해 동기가 부여되면서, 만들었다"(DA 64).

키르케에 의해 유혹을 당한 남자들은 주체를 해체당한다. 이것은 다른 것이 아닌, 자기 주체의 자기 포기이다. "매춘부는 행복을 보증하며, 행복하게 된 자의 자율성을 파괴한다. 이것이 매춘부가 갖고 있는 두 가지 의미이다"(DA 64). 남자의 자율성을 파괴하는 마력을 지닌 매춘부에 의해 유혹된 남자들은 주체적인 의식을 상실하고 망각에 빠져들며, 아도르노는 이를 "망각의 폭력"(DA 64)이라고 명명한다. 남자들은 망각의 폭력에 의해 자기 자신의 주체적 의식을 박탈당하고 자기 주체를 스스로 포기하는 메커니즘에 종속된다.

"마법에 걸려든 인간들을 귀속시키는 신화적인 명령은 동시에

---

[49] 그리스의 신. 상업, 웅변, 과학, 도덕 따위의 신.

이들 인간들에서 억압된 본성에 자유를 분만分娩한다. 억압된 본성이 신화로 되돌아가는 것에서 철회되는 것은 신화이다. 억압된 본성을 자기 자신으로 만들어서 동물로부터 분리시키는 억압인 충동의 억압은, 본성의 희망 없이 닫힌 순환에서 억압이 내향화되는 것이었다. 키르케라는 이름은, 더욱 오래된 파악에 의하면, 이러한 순환을 넌지시 암시하고 있는 것이다." (DA 65)

억압된 본성은 자기 주체를 스스로 포기하여 얻어지는 본성이며, 키르케의 마법은 남자들의 본성을 억압된 본성으로 변형시키는 위력을 갖고 있다. 억압된 본성은 자기 주체를 스스로 포기하여 행복하게 된 상태를 의미하며, 주체에 대한 의식을 포기하기 때문에 "자유를 분만"하기에 이른다. 그러나 이러한 자유는 "본성의 희망 없이 닫힌 순환에서 억압이 내향화되는 것"에 지나지 않는다. 이러한 순환은 다른 것이 아닌, 바로 신화이다. 계몽은 키르케의 마법을 무력화시키려는 속성을 갖는다. 그러나 계몽에 고유한, 자기 주체의 자기 포기는 키르케의 마법 앞에서도 역시 작동하면서 억압된 본성이 강제적 속박의 틀, 곧 신화로 되고 마는 것이다. 이렇게 해서 신화는 철회되지만, 계몽적인 의지가 만든 새로운 신화가 형성된다.

여기에서 독자들은 『계몽의 변증법』이 제기한 핵심적인 테제, 곧 "신화들이 이미 계몽을 실행하듯이, 계몽도 그것이 내딛는 발걸음들의 모든 발걸음과 함께 신화 속으로 더욱 깊게 휩쓸려 들어간다"(DA 14)는 테제를 확인할 수 있을 것이다. 계몽과 신화의 변증법이 이곳에서도 확인되는 것이다.

독자들이 위의 인용문을 깊게 들여다보면, 전체주의적 지배 체제들이 매춘과 같은 타락을 활성화하는 정책을, 때로는 배후에 숨어서, 때로는 노골적으로, 추동하는지를 읽어 낼 수 있다. 전체주의적 지배 체제들은 이것들에 포획된 사회 구성원들로 하여금 성적 쾌락에 마비가 된 채 "본성의 희망 없이 닫힌 순환"에서 관리된 삶을 반복하도록 강제하는바, 위 인용문은 전체주의적 지배 체제가 갖는 이러한 메커니즘을 비판하는 내용도 함의하고 있다고 볼 수 있는 것이다.

사회 구성원들이 전체주의적 지배 체제의 강요에 의해 자기 주체를 스스로 포기한 채 성적 쾌락에 마비가 되어 지배 체제의 객체로 전락하는 이 상태는 계몽이 만들어 낸 신화의 상태이다. "그러나 완벽하게 계몽된 지구는 환호성을 올리는 해악의 기호에서 찬란한 빛을 비추고 있다"(DA 7). 아도르노의 키르케 해석이 이처럼 다층적인 성격을 갖고 있음이 앞선 인용문 (DA 65)에서도 드러나는 것이다.

오디세우스도 물론 키르케와의 성적인 관계에서 자기 주체를 스스로 포기한다. "오디세우스가 에아Aäa[50]에 등장함과 더불어, 남자가 여자와 갖는 관계에 들어 있는 이중적 의미, 곧 동경과 명령은 계약들에 의해 보호된 교환의 형식을 이미 취한다. 이것이 성립되는 전제조건은 자기 포기이다"(DA 66). 오디세우스는 자기 보존의 전제가 되는 자기 포기를 행하지만, 폴리펨과의 대결에서와 유사하게, 자기 보존을 지속적으로 유지할 방책을 찾는다.

"오디세우스는 키르케와 동침한다. 그러나 동침에 앞서서 오디세우스는 키르케가 성스러운 것의 위대한 서약, 올림피아적인 서약을 행하게끔 행동한다. 이러한 서약이 남자를 불구가 되는 것으로부터 보호해 준다는 것이며, 혼음 금지에 대한 보복으로부

---

50 키르케가 사는 섬의 이름.

터, 그리고 남자를 스스로 불구로 만드는 것을 영속적인 충동 포기로서 여전히 상징적으로 그것 나름대로 실행하는 지배인 남성적인 지배에 대한 보복으로부터 남자를 지켜 준다는 것이다."
(DA 66)

키르케에게 서약을 하게끔 행동하는 것에도 역시, 자연신들과의 대결에서와 유사하게, 교환, 간계와 같은 수단들이 들어 있으며, 이러한 수단들의 구사에는 주체의 자기 포기를 통해 가능한 자기 보존의 원리가 근원으로 놓여 있다.

5) 자연지배적 이성, 자기 보존적 이성, 도구적 이성

오디세우스가 자연신들, 연꽃 마을, 폴리펨, 키르케와의 대결에서 보여 준 전략들은 신화에 맞서는 계몽가의 전략들이다. 그는 계몽의 전략들을 운용할 수 있는 능력을 갖춘 지배자이다. 오디세우스를 이러한 지배자로 만드는 근본적인 원동력이 바로 도구적 이성, 곧 대상에 대한 인식에서 대상을 있는 그대로 인식하지 않고 지배의 대상으로 인식함으로써 이성을 대상의 지배를 위한 도구로 전락시키는 도구적 이성이 갖고 있는 힘이다.

도구적 이성은 오디세우스 단계에서 크게 보아 2가지의 성격을 지닌다. 하나는 자연지배적 이성naturbeherrschende Vernunft으로서의 도구적 이성이다. 오디세우스는 자연의 위력과 신화적인 위력[51]이 그에게 강제하는 자기 보존의 위험으로부터 자신을 지키기 위해 교환, 희생, 간계 등 여러 전략을 구사하는 능력을 보여 주는바, 자연과 신화와의 대결에서 이러한 능력을 가능하게 하는 것이 자연지배적 이성이다.

자연지배는 물론 원시제전에서 시작되었고 미메시스에는 도구적 합리성의 원형이 들어 있기는 하지만, 오디세우스 단계에 이르러 원시제전과는 전적으로 다른 차원으로 진화한다. 이러한 진화의 근원에 오디세우스가 사고와 개념의 형성을 통해 구사하는 자연지배적 이성이 놓여 있다. 자연지배적 이성은 서구에서 학문의 발달, 특히 자연과학의 발달과 궤를 같이하면서 복합적으로 진화함으로써 자연을 양화量化시키고 계산 가능성,

---

51 『계몽의 변증법』은 두 개념을 엄밀히 구분하여 사용하지 않는다. 두 개념은 거의 동일한 의미로 사용된다고 보아도 될 것이다. 예컨대 자연신들은 자연이면서 동시에 신들이다.

객관적 설명 가능성, 사정査定 가능성의 카테고리를 통해 관리하는 능력, 곧 자연에 대한 총체적인 지배 능력을 보여 준다. 오늘날 자연지배적 이성은 그 지배력을 우주 공간으로 확대하였고, 생명의 근원인 유전자의 본질까지 밝혀내는 수준으로 진화하였다.

다른 하나는 자기 보존적 이성selbsterhaltende Vernunft으로서의 도구적 이성이다. 원리적으로 볼 때, 자연지배적 이성도 인간이 자연의 위력으로부터 자신을 지키기 위해 발생한 이성이기 때문에 그 근원에는 자기 보존적 이성이 놓여 있다. 따라서 두 개념은 내용적으로 볼 때 서로 내적으로 결합되어 있다. 오디세우스가 보여 준 자기 보존적 이성은 서구 근대에 이르러 학문이 자기 보존의 정초적인 원리로 되면서[52] 복합적으로 되고 정교하게 진화한다. 『계몽의 변증법』은 오디세우스의 자기 보존적 이성이 유럽 문명을 본질적으로 구축하는 이성이며 특히 서구 시민사회의 작동에 근원으로 놓여 있다고 본다. "호메로스의 작품은 유럽 문명의 본질을 알게 하는 기본 텍스트이

---

52 이에 대해서는 뒤에서 살펴볼 것임.

다"(DA 44). 오디세우스의 자기 보존적 이성은 이성의 도구화를 정초시켰으며 유럽 문명의 도정에서 이성은 이처럼 도구로 기능했을 뿐이었다는 것이다. 『계몽의 변증법』이 볼 때, 이성이 도구화됨으로써 주체는 주체가 가진 사유 능력을 박탈당하고 주체 자체를 스스로 포기하는 타락에 빠져들었고, 마침내 파시즘, 나치즘과 같은 극단적인 타락에 이르렀다는 것이다.

6) 자본주의와 문명에 대해
오디세우스 장이 매개하는 중요한 인식

자본주의는 오늘날 지구의 거의 모든 지역을 지배하면서 자본주의가 이윤 추구의 극대화를 위해 설치한 강제적 속박의 틀에 인류를 감금하고 인류에게 육체적·정신적 희생을 강요하고 있다. 오늘날 인류를 빈틈이 없이 지배하는 자본주의는 그것 자체로 문명의 총체이다. 17세기 초에 자본주의가 태동할 때만해도 인류의 문명은 다양한 모습을 갖고 있었지만, 자본주의의 태동 이후 400년 정도가 지난 오늘날에는 자본주의의 작동이 문명의 과정과 동일한 것이 되었다. 이와 관련하여 오디세우스 장이 자본주의와 문명의 본질에 대해 매개하는 인식은 적지 않은 의미를 갖고 있다. 이 장은 오디세우스의 사고와 행위로부터 자본주의의 폭력의 원형과 문명의 본질을 읽어 내고 있다.

"전체주의적인 자본주의의 광폭한 이성은, 자기 자신을 희생시킴으로써 희생으로부터 빠져나오는 오디세우스에서 전형적으로 드러난다. 문명의 역사는 희생을 내적으로 감수한 역사이다. 다른 말로 하면, 문명의 역사는 자기 포기의 역사이다." (DA 51)

오늘날 지구에서 작동되는 자본주의를 전체주의적 자본주의로 보는 것에 대해서는 물론 반론과 이의가 제기될 수 있을 것이다. 그러나 자본주의가 이윤 추구의 극대화를 최상위에 위치하는 이념으로서, 곧 일반적인 이념으로서 설정하여 개별적이고 특별하며 구체적인 존재자들인 개별 인간들을 일방적으로, 빈틈없이, IT 등을 통해 완벽하고도 정교하게 지배하고 있는 현실을 볼 때, 오늘날의 자본주의를 전체주의적인 자본주의로 보는 시각은 많은 설득력을 갖지 않을 수 없다.

오늘날의 자본주의가 이러한 지배력을 행사하는 것은 자본주의에 포획된 절대 다수의 무력한 개별 인간들이 자기 자신을 희생시키는 것에, 곧 자기 주체를 스스로 포기하는 것에 토대를 두고 있다. 오늘날의 자본주의는 절대 다수의 무력한 개별 인간들이 "자기 자신을 희생시킴으로써" —자기 보존을 완전히 상실하는 것을 의미하는— "희생으로부터 빠져나오는" 원리에 의해 유지되고 있다. 희생을 통해서 희생으로부터 빠져나오는 원리가 그들의 삶을 지배하고 있는 것이다. 이렇게 해서 자본주의는 사회적 약자들의 노동을 착취하고 자본권력을 가진 자들의 이익만을 극대화시키고 있는 것이다.

따라서 오늘날 문명과 거의 동일한 개념으로 올라선 자본주의가 작동하는 모습을 볼 때, "문명의 역사는 희생을 내적으로 감수한 역사"라는 시각은 이러한 시각의 도출을 가능하게 하였던 오디세우스의 시대에서도, 그 이후에 전개된 시대에서도, 오늘날 "자본주의의 광폭한 이성"이 지배하는 시대에서도 공통으로 통용되는 시각이라고 볼 수 있다.

7) 오디세우스의 주체적인 개념 형성과 도구적 이성이 산출하는 불의의 연관관계의 지속적인 구속력

오디세우스가 난관들에 봉착하여 보여 준, 사고·개념 형성 능력에 토대를 둔 자기 보존적 이성의 구사는 그의 자기 보존을 지켜 주는 것에서 끝나지는 않는다. 이러한 구사로 인해 산출된 불의의 연관관계는 자기 보존적 이성을 구사한 주체를 불의의 연관관계에 지속적으로 종속시킨다. 이 메커니즘은『계몽의 변증법』이 문명의 타락사를 들려주는 책이라는 점을 이해하는 데 매우 중요하다.

자연신들과의 대결에서 오디세우스는 교환의 수단을 사용한다. 4장 2절 1항에서 보았듯이, 교환관계는 불의의 연관관계를 산출하며, 이 연관관계에 놓여 있는 것이 희생과 간계이다. 희생은 순수한 의미에서의 희생이 아니고 그 내부에 간계가 들어 있는 희생이다. 희생과 간계가 내부에 들어 있는 교환관계가 한 번 성립하면, 이러한 성립은 일 회로 끝나지 않는다. 교환관계에 참여하는 당사자들은, 특히 힘의 관계에서 하위에 있는 당사자들은 ―오디세우스는 신화적인 위력을 가진 자연신들에 비해 더 약한 존재이다― 교환관계가 자기 보존을 가능하게 해 준다는 사실을 학습하였기 때문에 희생과 간계를 이용하여 다시 교환관계에 빠져들지 않을 수 없다. 자기 보존의 강제적 속박이 교환관계의 지속적인 작동을 강제하는 것이다. 이렇게 해서 교환관계가 불의의 연관관계를 산출하는 메커니즘이 되며, 교환관계를 통해 자기 자신을 지켜야 하는 개별 인간들을, 특히 절대 다수의 무력한 개별 인간들을 지속적으로 속박하는 것이다.

교환관계가 자기 보존의 강제적 속박에 묶여 있는 무력한 인간들이 처해 있는 처지를 이용하여 구축하는 지속적인 속박의 메커니즘은 오늘날 자본주의 문명에서 더욱 정교하게 작동되고 있다고 볼 수 있을 것이다. 교환관계는 자본권력의 지배자들도 역시 자기 보존을 유지해야 하기 때문에 이들 지배자들을 지속적으로 속박할 뿐만 아니라 무력한 개별 인간들을, 지배자들을 속박하는 정도와는 비교할 수 없이 강력한 정도로, 지속적인 속박의 메커니즘에 예속시킨다.

연꽃 마을에서 감내할 수 없는 것을 감내하는 것은 그것 자체로 이미 불의의 연관관계의 산출에 연루되는 행위이다. 특정 사회를 지배하는 지배권력이 사회 구성원들로 하여금 굴종을 강요하고 구성원들이 굴종에 순응하면 할수록, 지배권력은 ─사회 구성원들의 비판·견제·감시·저항을 원천적으로 봉쇄하면서─ 불의의 연관관계를 더욱 일방적으로, 더욱 효율적으로 산출할 수 있게 된다. 굴종은 자기 보존의 강제적 속박에 묶여 있는, 굴종을 감내한 사람들로 하여금 불의의 연관관계에 다시 굴종하도록 강제하기 때문에, 굴종을 감내한 사람들을, 곧 굴종을 통해서 자기 보존을 유지해야만 하는 사람들을 지속적으로 속박한다. 자기 보존의 강제적 속박과 굴종이 결합하여 구축하는 지속적인 속박의 메커니즘은 인류 역사 전체를 관통하였다.

오늘날의 자본주의 문명에서도 이 메커니즘은 변함없이 작동하고 있다고 볼 수 있을 것이다. 굴종을 강요하여 이미 불의의 연관관계를 산출한 자본권력의 지배자들은, 기업 조직에서 일하는 절대 다수의 무력한 개별 인간들이 자기 보존을 유지하기 위해 굴종을 감내하지 않을 수 없는 처지를 이용하여 무력한 개별 인간들을 지속적으로 속박하는 메커니즘을 구축하기 때문이다. 굴종을 이용하여 구축된 지속적인 속박의 메커니즘은 전체주의적 지배 체제에서 특히 효율적으로 기능하며, 예컨대 북한 사회에서는 70여 년 동안 그 위력을 여지없이 발휘하고 있다. 물론 자본권력의 지배자들도, 전체주의적 지배 체제의 지배자들도 이 메커니즘으로부터 자유롭지 않다. 그들도 자기 보존을 유지해야 하기 때문이다.

　오디세우스의 자기 보존적 이성이 폴리펨과의 대결에서 구사하는 단어 조작은 그것 자체로서 이미 불의이다. 어떤 특정 단어는 그것이 지시하는 사물(태)과 일치할 때만 단어의 정상적인 기능에 부합할 수 있다. 그러나 어떤 특정 단어가 단어와 사물(태)을 혼동시키는 조작에 이용되면, 이 단어는 정상적인 기능에서 벗어나서 조작을 중심적으로 실행하는 주체인 지배권력이 산출하는 불의의 연관관계에 연루되게 된다. 지배권력이 단어 조작을 이용하여 불의의 연관관계를 한번 산출하면, 지배권력은 단어 조작을 지속적으로 실행하지 않을 수 없게 된다. 지배권력이 단어 조작을 더 이상 실행하지 않아 단어가 정상적인 기능을 발휘할 경우 단어 조작을 통한 기만 체계가 노출되면서 지배권력의 자기 보존이 위협을 받을 수 있기 때문이다. 지배권력이 단어 조작을 통해 구사하는 자기 보존적 이성이 지배권력을 지속적으로 속박하는 것이다.

　예를 들어 지배권력이 침체의 늪에 빠져 있는 경제의 실상과 일치하는 않는 단어를 이용하여 경제가 순항하고 있다는 단어 조작을 실행함으로써 불의의 연관관계를 산출하면, 이 연관관계는 이것을 산출한 주체인 지배권력을 속박한다. 지배권력은 권력의 유지를 위해, 곧 자기 보존을 위해 불의의 연관관계를 지속시킬 수밖에 없다. 다시 말해, 단어 조작에 이용된 단어들이 효력을 상실하면, 지배권력은 다른 단어들을 동원하여 경제가 순항하고 있다는 단어 조작을 지속하는 메커니즘에 예속되는 것이다.

키르케와 오디세우스의 대결에서는 성적 유혹을 통해 남자의 주체성을 해체시키는 것이 불의임이 일차적으로 드러난다. 예컨대 전체주의적 지배 체제가 남자 구성원들의 주체 의식을 탈취하기 위해 성적 유혹을 광범위하고도 체계적으로 실행하는 매춘 산업을 정책적으로 지원한다면, 이는 그것 자체로 불의의 연관관계의 산출이다. 그뿐만 아니라 인간의 본능에 해당하는 성을 지배권력이 유지시키는 불의의 연관관계의 원활한 작동에 악용하는 불의가 된다. 오디세우스는 키르케와 동침하기에 앞서 키르케로 하여금 성聖스러운 서약을 하게 한다. 이는 오디세우스가 남자로서의 자기 보존을 확보하기 위한 계산된 행위이다. 그는 자기 포기를 행하면서 키르케와 동침함으로써 불의의 연관관계에 빠져들지만, 이 연관관계가 자신의 자기 보존을 위협할 수 있다고 판단하여 키르케로 하여금 서약을 하게 하는 것이다. 이는 일차적으로 산출된 불의의 연관관계가 산출 자인 오디세우스를 불의의 연관관계에 다시 묶어 놓는 것을 보여 준다. "오디세우스의 합리성은 자신을 포기함으로써 자신을 보존할 수 있는 법을 인지하면서 불의의 연관관계에 강제적으로 빠져들게 된다"(DA 58).

지배권력, 특히 전체주의적 지배 체제는 성적 본능을 지배권력의 유지를 위해 악용함으로써 불의의 연관관계를 산출한다. 남성들이 성적인 관계에서 주체를 포기하고 성적 도취에 빠져 듦으로써 지배권력에 대한 관심이 줄어들면 들수록, 지배권력의 자기 보존이 용이해지기 때문이다. 지배권력이 성을 이용하여 구축한 불의의 연관관계의 작동을 정지시키고 매춘 행위를 엄격하게 금지하면, 성적 욕망을 충족시키지 못하는 남성들이 지배권력에 대해 불만을 갖게 된다. 사회 구성원들의 자기 주체의 자기 포기에 의해 유지되는 지배권력이 남성들로 하여금 성적 관계에서 자기 포기를 하지 못하게 하는 경우는 지배권력의 유지에 전혀 이득이 되지 않기 때문에, 지배권력은 성적 본능을 이용하여 산출한 불의의 연관관계에 지속적으로 속박될 수밖에 없다. 지배권력이 산출한 불의의 연관관계가 지배권력을 지속적으로 구속하는 메커니즘이 성립하는 것이다.

"자기 자신을 보존시키기 위하여 주체적인 개념 형성을 통해 다른 사람에게 불의를 자행하는 자는, 바로 그가 자행한 불의의 결과로 생긴 불의의 연관관계에 자신을 다시금 종속시켜야 한다."[53] 『계몽의 변증법』의 시각에서는, 이러한 불의의 연관관계가 지속적으로, ―일차적으로 산출된 불의의 연관관계가 산출자를 이 관계에 종속시키는 것이 메커니즘으로 되면서― 작동하는 과정이 바로 문명의 타락사이다.

---

53 문병호, 『아도르노의 사회 이론과 예술 이론』, 74쪽.

5장
도구적 이성의 발달과 진화, 도구적 이성이 자행하는 폭력

1. 도구적 이성

지금까지 나는 아도르노의 『오디세이아』 해석, 곧 오디세우스가 자신의 사고·개념 형성 능력에 기초하여 자기 보존의 전략들을 여러 가지로 구사하는 방식에 대한 아도르노의 해석을 해설하였다. 오디세우스가 전략들의 구사에서 보여 주는 능력이 『계몽의 변증법』에서는 도구적 이성의 본격적 발달을 의미한다. 오디세우스에서 사고·개념 형성 능력에 힘입어 정초된 도구적 이성이 문명의 과정과 함께 어떻게 진화하며 어떠한 복합적인 양상을 띠는가를 이제부터 살펴볼 것이다.

도구적 이성은 프랑크푸르트학파를 도구적 이성을 비판하는 학파로 볼 수 있을 정도로 이 학파의 사상에서 절대적인 비중을 차지하는 개념이며, 『계몽의 변증법』은 이 개념에 대해 여러 측면에서 집중적으로 사유하고 동시에 비판한다. 도구적 이성에 대해 살펴보기 전에 먼저 이성에 대해 간략하게 언급하고자 한다.

이성은 소크라테스 이후 서양 철학의 중심적인 주제이다. 학문적 의미에서의 이성[54]은 소크라테스의 '너 자신을 알라'에서 발원했다고 볼 수 있지만, 플라톤에서 인간이 대상을 인식하는 기관Organ으로서 사고·개념의 형성, 논리의 전개, 체계의 구축을 통해 학문적으로 정초되었다. 단적으로 말해 이성은, 거시적 시각에서 볼 때는, 인간이 자연과의 관계에서 산출시킨 모든 것의 총체인 세계를 인식하는 기관이다. 이성은, 미시적 시각에서 보면, 자연은 물론이고 세계에 존재하는 모든 사물을

---

54 오디세우스가 구사하는 도구적 이성은 학문적으로 근거가 세워진 의미에서의 이성이 아니지만, 아도르노는 오디세우스의 사고·개념 형성 능력에서 자기 보존적 이성이라는 개념을 도출하여 사용함으로써 이성의 개념을 확대하고 있다. 이는 『계몽의 변증법』이 계몽의 개념을 세계의 탈주술화로 확대한 것과 유사하다고 볼 수 있을 것이다.

인식하는 기관이다. 플라톤 이후의 이성은 더 나아가 세계를 구축하는 기관이기도 하다. 이성은 세계에 존재하는 "모든 사물과 모든 발생한 일의 보편적인 연관관계"를 인식하는 기관이며, "이러한 연관관계의 내부에서 이것들을 목적에 가장 합당하게 실행시키는"[55] 기관이다.

이성은 대상과 세계를 인식할 때 엄격한 개념과 치밀한 논리를 사용하는 인식, 그리고 인과율적으로 검증될 수 있는 인식을 성취하려고 노력한다. 그러므로 서양 철학에서의 이성은 대상에 대한 인식에서 정확한 방법론을 사용한다. 이를 위해 이성은 수학적 공리와 정리, 연역법, 귀납법, 자연과학이 중시하는 인과율의 법칙, 19세기 실증주의가 주도한 관찰, 실험, 설문조사, 통계 등을, 인식을 성취하기 위한 수단으로 구사한다. 고대의 연역법에서 근대의 인과율에 이르기까지 인식 방법론의 한계를 비판한 헤겔은 변증법적 사유와 방법론을 이성의 역할의 중심에 위치시켰다. 독자들은 이성이 갖고 있는 이러한 속

---

[55] Georgi Schischkoff & Heinrich Schmidt(hrsg.)(1982), *Philosophisches Wörterbuch*. 21, p.726.

성들이 가치 인식에 관련되어 있음을 곧바로 알 수 있을 것이다. 이성은 가치 인식을 지향하며, 이 점은 이성의 본질과 관련해서 매우 중요하다.

도구적 이성은 앞에서 매우 간략하게 설명한 이성의 ―사고, 개념, 논리, 체계에 근거하는― 인식 방식, 방법론, 이성이 추구하는 가치 인식을 무시하고 이성을 오로지 대상을 지배하는 도구로만 보는 이성을 지칭한다. 도구적 이성에서는 이성이 가진 능력들인 사고, 개념, 논리의 형성 능력, 인식의 성취가 대상을 지배하기 위한 수단으로 전락한다. 도구적 이성과 도구적 합리성은 프랑크푸르트학파의 사상에서는 거의 동의어로 사용된다. 이 개념을 적확하게 이해하기 위해 단적으로 말한다면, 나치즘과 같은 지배 체제는 이성이 도구적 이성으로 완벽하게 타락하여 구축한 체계이다. 이성이 본령을 저버리고 도구로 전락하면 이처럼 극단적으로 폭력적인 체계를 구축할 수 있는 것이다.

『계몽의 변증법』에서는 도구적 이성이라는 개념을 직접적으로 사용하는 경우가 거의 없다. 그럼에도 독자들이 이 책을 반복해서 읽어 보면, 이 책의 전체를 관통하는 비판인 계몽, 이성,

수학적 이성, 이성의 형식화, 사고, 개념, 학문, 권력과 지배, 문화산업, 종족 이데올로기에 대한 비판에서 이러한 비판이 도구적 이성에 대한 비판에 수렴되어 있음을 알아차릴 수 있다. 도구적 이성에 대한 비판은『계몽의 변증법』전체를 관통하지만, 이론적 서술은 제1장인「계몽의 개념」과 1장의 보론으로 되어 있는「줄리엣 또는 계몽과 도덕」에서 집중적으로 이루어진다.

오디세우스에서 본격적으로 발달하기 시작한 도구적 이성이 어떻게 해서 복합화와 진화의 도정을 밟게 되었는가를 이해하기 위해서는 먼저『계몽의 변증법』이 고대 그리스에서의 철학의 탄생과 발달을 어떻게 보는가를 살펴보아야 한다.

1) 철학의 탄생과 발달, 개념·논리·체계를 학문적으로 근거 세워 구사하는 도구적 이성

세계의 탈주술화, 탈신화화를 추동하는 계몽은 오디세우스의 항해에서 그가 계몽적인 전략들로서 고안해 내는 갖은 종류의 자기 보존적인 전략들, 곧 도구적 이성의 다양한 형태의 구사 능력을 보여 주는 단계를 넘어서서 개념, 논리, 체계를 학문적으로 근거를 세워 형성하는 능력을 발휘하는 단계로 올라선다. 이처럼 올라서는 것을 가능하게 하는 동력은 고대 그리스에서 철학의 탄생과 발달이다. 『계몽의 변증법』이 말하는 의미에서의 계몽이, 곧 자기파괴 과정을 추동하는 계몽이 철학적이성과 결합함으로써 세계에 대한 지배력을 더욱 정교하게 고양할 수 있게 된 것이다. 철학은 개념, 논리, 체계에 힘입어 성립하는 이성을 통해 세계를 인식하고 구축하려는 요구를 이미고대 그리스에서 제기한다. 그러나 철학의 이러한 능력은 『계몽의 변증법』에서는 존재를 와해시키는 결과를 초래한다. 다음의 인용문은 인식과 논리에 대해 사유해 온 서양 철학의 전통을 부인하는 충격적인 비판이다.

"이제부터 존재는 로고스Logos로 와해되며, 로고스는 철학의 진보와 더불어 단자Monade, 단순한 관계 지점으로 축소된다. 존재는 밖에 있는 모든 사물과 생명체의 무리로 와해된다. 고유한 현존재와 현실 사이의 한 가지 차이점은 다른 모든 차이를 삼켜 버린다. 차이점에 대한 고려가 없는 상태에서, 세계는 인간의 하인으로 된다." (DA 11)

서양 철학에서 논리는 고대의 헤라클레이토스Heraklit에서 도입되었다. "헤라클레이토스가 도입한 논리λόγος, 곧 모든 것이 무엇에 따라 일어나는가, 무엇이 모든 것에 공통적인가, 무엇을 통해서 모든 것이 하나인가 하는 것을 나타내기 위해 도입한 논리는 동시에 참된 인식을 근거 세우는 원리의 개념이다. […] 헤라클레이토스에서 로고스는, 통로에서, 많은 것을 통해 하나(법칙, 세계 질서, 조화)를 발견하여 말을 하는 것과 동일한 사고와 담화를 지칭한다."[56] 서양 철학에서 논리는 이처럼 "많은 것을 통해 하나를 발견하여 말을 하는 것"이다. 논리에 내재하는 이러한 근본적인 성격은 사물들에 공통적인 속성들과 표징들을 추상적으로 기술하는 개념[57]과 결합하여 세계를 개념적으로 파악하고 체계적으로 구축하는 결과에 이르게 한다. 세계가 논리에 의해 관리되는 것이다.

그러나 이러한 결과는 『계몽의 변증법』에서는 존재가 "로고스로 와해"되는[58] 것에 지나지 않는다. 존재가 있는 그대로의

---

56 Ritter, Joachim(hrsg.)(1971), *Historisches Wörterbuch der Philosophie*. Band 1, Basel/Stuttgart: Schwabe Verlag., p.644.

57 이에 대해서는 5장 1절 4항에서 더 구체적으로 살펴볼 것임.

존재로서 존재하지 않고 로고스에 의해 파악되고 관리되는 존재로 내려앉게 되는 것이다. 이는 존재가 "밖에 있는 모든 사물과 생명체의 **무리**[59]로 와해"되는 것을 의미한다.

모든 사물과 생명체는 각기 고유한 현존재임에도 불구하고, 논리에 의해 관리되는 현실에서는 어떤 사물(態)과 현실 사이에 존재하는 하나의 차이, 곧 논리가 만들어 내는 하나의 차이가 "다른 모든 차이를 삼켜 버리게" 된다.

이 주장을 이해하는 것은 매우 난해하다. 이해를 위해 '인간은 신의 피조물'이라는 예를 들어 보기로 한다. 모든 인간은 각기 고유한 생명체이고 각기 고유한 현존재이다. 현실을 지배하는 것은 논리이다. 논리는 수많은 인간을 통해서 하나의 동일한 사고, 곧 인간은 신의 피조물이라는 사고를 만들어 낸다. 앞의 내용을 종합하여 정리하면 다음과 같다. "고유한 현존재"인 개별적인 인간과 논리에 의해 지배되는 "현실 사이의 한 가지 차이점은", 곧 논리가 만들어 내는 한 가지 차이점은 법칙과

---

58 이 구절은 『계몽의 변증법』에 대한 연구문헌들에서 가장 많이 인용되는 유명한 구절임.

59 원문에 Masse로 되어 있음. 강조는 필자에 의한 것임.

도 같은 것으로 되면서 개별적인 인간들에 고유한 "다른 모든 차이를 삼켜 버린다." 모든 인간이 논리에 의해 신의 피조물이 되면서 모든 인간에 고유한 차이들이 소멸하는 것이다. 인간은 신의 피조물이라는 논리가 차이들을 소멸시킨 모습을 보여 주는 것이 현실이다. 인간은 신의 피조물이라는 논리가 이렇게 만들어 낸 현실은 마르크스가 19세기 중반 불러일으킨 인간관의 코페르니쿠스적 전환, 곧 인간은 신의 피조물이 아니며 인간이 인간인 것은 활동하는 존재이기 때문이라는 변환에 의해 일부 변화되었지만, 지금도 여전히 지속되고 있다고 볼 수 있을 것이다.

논리에 근거하는 인식은, 곧 이성이 성취하는 가장 중요한 기능인 인식은 원래는 헤라클레이토스와 파르메니데스Parmenides 이래로 비판적 성찰을 지향해 온 전통을 갖고 있다. 그러나 인식이 비판적 자기 성찰을 추구해 온 전통을 갖고 있다는 시각은 『계몽의 변증법』에는 통용되지 않는다. 호르크하이머와 아도르노에게는 인식이 비판적 성찰을 하기는커녕 사고의 도구화와 함께 대상을 지배하는 사물화에 빠져들었을 뿐이다.

철학적 이성의 발달과 함께 "존재는 로고스로 와해된다." 논리가 존재를 지배하는 것이다. 이는 『계몽의 변증법』에서 오디세우스에서의 도구적 이성이, 철학이 만들어 내는 논리와 이를 바탕으로 구사하는 이성에 힘입어 새로운 차원으로 복합화·진화하는 것을 의미한다.

철학적 이성은 사고, 개념, 논리를 통해 세계를 인식한다. 더나아가 철학적 이성은 사고, 개념, 논리에 힘입어 구축한 체계를 통해 세계의 구축에도 영향을 미친다. 플라톤이 구축한 철학적 체계인 이원론이 서구에서 세계의 구축에 직간접적으로 미친 영향은 가늠할 수 없을 정도라고 말할 수 있다. 『계몽의 변증법』은 철학의 사고, 개념, 논리, 체계의 형성 능력이 계몽의 자기파괴 과정에서, 곧 도구적 이성의 발달 과정에서 대상을 지배하는 도구로 전락하였음을 비판한다.

여기에서 『계몽의 변증법』 전체를 관통하는 개념들인 사고의 도구화, 이념의 공구工具로서의 개념, 논리의 수학화·형식화, 체계와 지배의 착종관계, 이성의 수학화·형식화, 학문의 공구화와 같은 개념들이 발원한다. 이러한 모든 개념은 이성의 도구화, 곧 도구적 이성에서 수렴되며, 도구적 이성을 추동하는 주범은 계몽이다. 앞에서 말했듯이, 비판 이론[60]은 도구적 이성에 대한 비판 이론이라고 볼 수 있을 정도로 '비판 이론'에서 도구적 이성이 차지하는 비중은 절대적이다. 이제 도구적 이성에 대한 비판을 구성하는 요소들을 핵심적으로 살펴보기로 한다.

2) 사고의 도구화

『계몽의 변증법』의 사고 비판은 사고가 도구로 전락함으로써 사물과 같은 것으로 되었다는 점, 사고가 일반성을 갖게 됨으로써 대상을 사고의 일반성의 틀에 가두어 지배하는 폭력을 자행한다는 점, 사고의 도구화와 일반화가 사고의 강제적 메커니즘으로 되면서 지배에 연루된다는 점 등을 겨냥하고 있다. 『계몽의 변증법』의 사고 비판은 이 책 전체에 걸쳐 이루어지고 있다.

「계몽의 개념」에서는 이론적이고도 포괄적인 비판의 차원에서, 「오디세우스 또는 신화와 계몽」에서는 오디세우스의 자기 보존적 이성이 실행하는 사고 형성에 대한 비판에서, 「줄리엣

---

60 '비판 이론(Kritische Theorie)'이란 개념은 프랑크푸르트학파의 비판 이론을 의미하며, 일반 명사를 넘어서 고유명사가 되었다. 학계에서는 프랑크푸르트학파라는 명칭을 거의 붙이지 않고 '비판 이론'이라는 명칭을 주로 사용한다.

또는 계몽과 도덕」에서는 근대 서구 시민사회에서 경제적 이성, 산업적 이성이 사고를 지배의 도구로 전락시키는 것에 대한 비판에서, 「문화산업. 대중 기만으로서의 계몽」에서는 문화산업이 인간의 의식과 사고를 소비성·상품성·오락성·대체성·동일한 것의 반복성에 종속시키는 것에 대한 비판에서, 「반유대주의, 계몽의 한계들」에서는 종족 이데올로기를 떠받치는 사고, 사고에서의 투사에 대한 비판에서, 「스케치와 단상들」에서는 철학적 사고가 노동 분업을 통해 지배에 연루되는 것에 대한 비판과 사고의 물신주의에 대한 비판에서 사고 비판이 실행되고 있는 것이다. 이 자리에서는 「계몽의 개념」에서 볼 수 있는 사고 비판만을 살펴보는 것에 만족하고자 한다.

사고는 인간의 의식과 정신이 실행하는 활동이다. 사고는 인간이 "표상들, 개념들, 감정의 자극들, 의지의 자극들, 기억들, 기대들을 내적이고도 능동적으로 지배하고 제어하는" 인간의 활동이며, 이는 "상황을 제어하기 위해 사용할 수 있는 지침을 얻기 위한 목적"[61]을 갖고 있다. 이러한 성격과 목적을 가진 사

---

61 Georgi Schischkoff & Heinrich Schmidt(1982), *Philosophisches Wörterbuch*. 21, p.113.

고는, 철학에서는 사고에 대한 비판적이고도 합리적인 자기 검증과 자기 성찰을 할 수 있는 경우에 정당성을 획득할 수 있다. 철학은 자기 검증과 자기 성찰을 결여한 사고가 유발할 수 있는 폭력을 경계하고 있는 것이다.

『계몽의 변증법』은 이처럼 위험한 폭력이 현실에서 작동하고 있음을 고발하고 있다. 호르크하이머와 아도르노의 사고 비판은 사고가 자기 성찰의 능력을 상실하고, 자연지배적 이성, 자기 보존적 이성과 같은 사고 주체가 추구하는 이해관계들의 실현을 위한 도구로 전락했다는 점에 집중되어 있다. 사고의 도구화가 문제의 근원인 셈이며, 이런 문제를 불러일으키는 것이 수학적 처리 방식에 의한 사고의 지배이다.

> "수학적 처리방식은 말하자면 사고의 제전Ritual으로 되었다. 수학적 공리의 자체적인 제한에도 불구하고, 수학적 처리방식은 필연적이며 객관적인 것으로 설치된다. 수학적 처리방식은, 사고 자체를 그렇게 명명하듯이, 사고를 사물로, 도구로 되게 한다."
> (DA 26)

수학적 공리가 성립하기 위해서는 전제조건들이 필요하다. 어떤 특정 전제조건들 아래에서 어떤 특정 공리가 성립하는 것이다. 그러나 사고에 설치된 수학적 처리 방식은 전제조건들을 무시하고 "필연적이고 객관적인 것"으로 기능하면서 사고를 물건과도 같은 것, 도구로 전락시킨다. 전제조건들이 없이도 기능하는 수학적 처리 방식에 사고가 포획되어 인간의 정신 활동이라는, 사고에 고유하게 내재하는 본분을 상실하는 것이다.

도구로 전락한 사고는 개념들, 표상들 등을 "내적이고도 능동적으로 지배하고 제어하는" 활동을 실행할 수는 없으며, "상황을 제어하기 위해 사용할 수 있는 지침을 얻기 위한 목적"으로부터 벗어나서 사고를 도구로 활용하는 주체, 특히 지배권력을 장악한 주체의 이해관계에 일방적으로 종속된다. 사고를 이렇게 타락시키는 주범은 물론 계몽이다. "계몽은 사고와 수학을 하나로 되게 한다"(DA 25).

사고는 도구로 전락하는 것에서 끝나지 않는다. 사고는 단순한 도구로서 반복적으로 기능하면서 자기 성찰 능력을 완전히 상실한 채, 스스로 강제적 메커니즘으로 된다. 사고가 구축한 신화적인 강제적 속박의 틀에서 ─이 틀을 작동시키는 원리는 동일한 것의 반복이다— 벗어나지 못하고 강제적 메커니즘으로 되는 것이며,『계몽의 변증법』은 이 메커니즘에서 본성이 반사된다는 충격적인 비판을 행하고 있다. 강제적 메커니즘으로 된 사고가 인간의 본성을 지배하는 단계로까지 타락한다는 것이다.

> "사고의 강제적 메커니즘에서 본성이 반사되고 지속되는바, 사고는 그것의 부단한 귀결에 힘입어 본성을 스스로 망각된 본성으로서, 사고 자체를 강제적 메커니즘으로서 반사한다." (DA 38)

사고는 마침내 인간으로 하여금 본성을 망각하게 하고 망각된 본성을 사고의 강제적 메커니즘에서 반사시키는 결과를 초래한다. 사고의 도구화가 인간의 본성을 망각하게 하고 인간으로부터 본성을 탈취해 간다는 것이다.

이러한 귀결은 사고의 도구화가 사고를 잊고 사는 인간에게 가하는 보복이다. "사고는 수학, 기계, 조직으로서 사물화된 사고의 형상에서 사고를 잊고 사는 인간들에게 보복을 가하는바, 이는 사고가 사고를 포기하는 것을 의미한다"(DA 40). 사고가 자기 성찰 능력을 상실하고 스스로를 망각하며 스스로를 포기함으로써 환호성을 올리는 것은 지배, 곧 일반적인 것에 의한 특별한 것의 지배, 사회에 의한 개인의 지배이다. 사고가 일반적인 것으로 되면서 지배의 구축과 작동에 시중을 드는 것이다. "사고의 일반성은, 개념적 논리가 이것을 전개시키듯이, 개념의 영역에서의 지배이다. 사고의 일반성은 현실에서의 지배의 기초에서 고양된다"(DA 16).

사고의 도구화, 사고의 강제적 메커니즘에서 본성이 반사되는 것, 사고의 일반성, 사고의 자기 비판 능력 상실, 사고가 현실에서 지배의 기초가 되는 것을 실행하는 기관Organ이 바로 도구적 이성이다. 도구적 이성이 인간에게서 사고를 탈취했다는 것이 『계몽의 변증법』의 시각이다. 사고를 탈취당한 인간에게 다가오는 것은 인간에 대한 사회의 총체적 지배이다.

3) 이념적인 공구로 전락한 개념

서양 철학에서 개념이 무엇인가 하는 물음은 소크라테스에서 "최초로 분명하고도 방법론적으로" 제기되었다. 그는 "사물들, 발생한 일들, 행위들에 공통적인 표징들(속성들)"[62]에 대한 물음을 제기하였으며, 이러한 표징들(속성들)을 개념이라고 명명하였다. 소크라테스의 이러한 물음 제기에서 출발한 개념은, 4장 3절 1항에서 말했듯이, 사물들에 공통적인 속성들과 표징들을 **추상적으로** 기술한 관념이라는 의미를 일반적으로 갖게 되었다. 개별적인 단어와는 달리 관념을 나타내거나 표상할 수 있는 능력을 가진 개념은 따라서 단어와는 다른 차원에서 의미 내용을 갖는다.

예를 들어 국가라는 단어가 국가를 단순히 기호적으로 표시하는 것에 머물러 있는 반면에, 국가라는 개념은 국가에 공통적인 속성들이나 표징들을 국가로부터 도출하여 추상적으로 기술하는 관념이다. 따라서 개념은 어떤 것을 나타내거나 표상함으로써 의미 내용을 갖는다. 개념은 의미 내용을 품고 있는 추상적 관념이다. 국가처럼 개념의 외연이 넓으면 넓을수록, 의미 내용도 넓고 심층적이다. 이처럼 넓고 심층적인 의미 내용을 낱낱이 나타낼 수 없기 때문에 추상적 관념인 개념이 필요한 것이다.

---

62 Joachim Ritter(hrsg.)(1971), *Historisches Wörterbuch der Philosophie*. Band 1, p.781.

『계몽의 변증법』은 개념이 추상화된 관념으로서의 기능을 상실하고 지배의 구축과 작동에 시중을 드는 이념적인 공구로 전락했다고 보고 있다. 망치나 칼과 같은 공구는 그것이 사용되는 상황이 여러 가지로 상이함에도 항상 동일한 목적을 실행하는 일에 붙잡혀 있는 도구이다. 망치는 무엇을 때리거나 부수는 목적, 칼은 무엇을 찌르거나 베는 목적에 고정되어 있는 공구인 것이다. 『계몽의 변증법』은 개념이 이처럼 단순한 기능을 항상 동일하게 수행하는 공구와 같은 것으로 되었다고 비판한다.

"개념은 이념적인 공구이다. 개념은 물건과 똑같이, 물질적인 공구와 똑같이, 여러 가지 상이한 상황에서 항상 동일한 것으로 붙잡혀 있는 공구와 똑같이, 이처럼 붙잡혀 있음으로 해서 혼잡스럽고 다면적이며 괴리된 것으로서의 세계를 이미 알려진 것, 하나인 것, 동일한 것과 분리하는 공구와 똑같이, 개념은 이념적인 공구인 것이다." (DA 38)

특정 이념이 이념의 실현을 위해서 개념을 공구처럼 사용하면, 개념은 개념에 본유한 추상적인 관념으로 형성되지 못하고 특정 이념을 위한 단순한 도구로 전락한다. 인간이라는 개념은 인간에 공통적인 속성들과 표징들을, 예를 들어 언어를 사용한다, 직립 보행한다, 사고 능력이 있다, 도구를 사용한다, 규칙을 문자로 정해 놓고 놀이를 한다, 자연에 존재하지 않는 물질을 만들어 낸다 등과 같은 속성들과 표징들을 추상화한 관념이다. 이 관념에 인간에 관한 의미 내용, 인간을 다른 동물과 구분 짓는 의미 내용이 들어 있다. 사람들은 이러한 의미 내용을 통해서 인간이라는 개념에 다가서고 인간이 무엇인지를 이 개념을 통해 파악한다. 인간이라는 상위 개념 아래에서는 또한 특정 속성이나 표징을 특히 부각시킨 하위 개념들이 형성된다. 예컨대 호모 사피엔스, 호모 루덴스, 호모 일렉트로니쿠스, 호모 에코노미쿠스 등과 하위 개념들은 인간이라는 상위 개념 아래에서 형성된 것들이다.

그런데 어떤 특정 지배 체제가 인간이라는 개념을 경제성장이라는 특정 이념에 종속시켜 오로지 노동하는 존재로만 항상 동일하게 규정하는 경우, 인간이라는 개념은 이념적인 공구로 기능하게 된다. 인간의 개념이 경제성장이라는 이념을 실현시키기 위한 공구로 되는 것이다. 개념이 이처럼 이념적인 공구로 붙잡혀 있음으로 해서 인간을 나타내거나 표상할 수 있는 많은 관념들의 형성 가능성이 소멸하고, 인간은 노동하는 존재라는 이념을 필요로 하는 지배 체제에 개념이 공구로서 시중을 드는 것이다.

개념이 이념적인 공구가 되면, 철학이 인식의 주된 대상으로 삼는 세계, 다시 말해 복잡성·다면성·복합성·괴리성·혼잡성·균열성·모순성·이해 불가능성·수수께끼적 성격을 갖고 있는 세계에 대한 인식 가능성이 거의 소멸하게 된다. 이념적인 공구로서의 개념은 마치 망치가 똑같은 일에 붙잡혀 있는 것과 같이, 세계를 항상 똑같은 모습으로 붙들어 두는 일을 수행하게 된다.

세계를 항상 똑같은 세계로 붙들어 두기 위해 특정 이념을 개념을 통해 내세우는 지배 체제가 바로 전체주의적 지배 체제이다. 이 지배 체제는 그것에 포획된 구성원들의 삶이 항상 똑같은 세계에서 항상 동일하게 반복적으로 재생산되도록 개념을 이념적인 공구로 사용한다. 예컨대 옛 소련이나 옛 동구권 사회주의 국가들은 혁명이란 개념을 이념적인 공구로 사용함으로써 사회 구성원들을 항상 동일한 삶에 영구적으로 붙들어 두려고 했었다고 볼 수 있다. 오늘날 세계상황에서 이념적인 공구로 기능하는 대표적인 개념들이 경제성장, 경제 개발, 기술 개발, 기술 경쟁 등과 같은 개념들이다. 이렇게 볼 때,『계몽의 변증법』이 개념의 공구화를 비판한 것은 오늘날에도 시의성을 유지하고 있는 것이다.

개념을 이처럼 이념적인 공구로 이용하는 기관Organ이 바로 도구적 이성이다. 도구적 이성은, 지배를 위한 도구로 사고를 전락시켰듯이, 개념도 이념적인 공구로 전락시키는 것이다. 개념이 이념적인 공구로 전락하는 곳에서 환호성을 올리는 것은 일반적인 것에 의한 개별적인 것·특별한 것·구체적인 것의 지배, 전체에 의한 부분의 지배, 사회에 의한 개인의 지배이다. 사물들에 대해 개념이 다양하게 형성되면 될수록, 사물들이 이념적인 공구로서 기능하는, 사물들을 일반성에 종속시키는 개념에 의해 지배되지 않고 있는 그대로 인식될 수 있는 가능성이 증대한다.

4) 논리의 형식화, 존재를 와해시키는 논리

논리는 사고를 통해 형성되며, 개념을 통해 구체화된다. 개념을 통해 구체화에 이르지 않는 논리는 사고에 머물러 있다. 논리는 올바르게 사고할 수 있는 인간의 능력이다. 동일률, 모순율, 배중률, 충분한 근거는 논리에 올바름Richtigkeit을 부여하기 위한 법칙들이다. 논리는 올바르게 사고할 수 있는 능력을 통해 세계에 대한 객관적 모사상의 성취를 목표로 하는 인식을 근거 세우는 원리이다. 인식에는 논리가 들어 있다.

그러나 사고가 도구화되어 사물과 같은 것으로 전락하고 일반성의 틀에 갇혀 있음으로써 지배에 연루되면, 논리는 올바른 사고로부터 벗어나게 되며 그 결과 참된 인식을 근거 세우는 원리로서 더 이상 기능할 수 없다. 이런 경우에 논리는 오히려 사고의 경우에서처럼 사물과 같은 것으로 되면서 지배에 시중을 드는 도구로 전락한다. 논리가 참된 인식을 성취하는 데 기초가 되기는커녕 인식의 대상들인 사물들을 지배하는 결과로 이어지는 것이다. 전체주의적 지배 체제는 그것의 도구가 된 사고가 이념적인 공구로 기능하는 개념들을 동원하여 사회 구성원들을 지배하는 논리를 만들어 낸다. 논리가 참된 인식을 성취하는 본분을 수행하기는커녕 부당한 지배를 근거 세워 주는 도구로 타락하는 것이다.

논리가 올바른 사고 능력에 충실하고 논리의 내용을 구체화하는 개념이 개념에 합당한 역할을 수행하면, 논리는 인식의 근거 세움에서 그 기능을 제대로 이행할 것이다. 그러나 사고가 도구가 되고 개념이 이념적인 공구로 전락하면, 논리는 인식의 근거 세움에서 올바른 사고를 방기한 채 인식을 특정 이념의 도구로 전락시키는 타락에 빠져들 것이다.

『계몽의 변증법』은 사고의 도구화, 개념의 이념적인 공구화와 함께 유발되는 논리의 타락을 논리의 형식화에서 보고 있다. 이 책의 거의 모든 연구자가 인용하는 유명한 구절을 이 자리에서 보기로 한다.

> "형식 논리는 단일화Vereinheitlichung의 거대한 학파였다. 형식 논리는 계몽주의자들에게 세계에 대한 계산 가능성의 도식을 제공하였다." (DA 11)

논리는 세계를 계산하기 위한 목적을 갖고 있지 않다. 논리는 세계에 대해 올바르게 사고할 수 있는 능력이다. 논리는 세계를 지배하기 위한 수단이 아니며, 세계를 올바르게 인식하기 위한 사고의 원리이다. 『계몽의 변증법』은 논리가 논리의 본분을 망각하고 수학적 사고에 종속되어 형식화됨으로써 세계를 계산하기 위한, 곧 세계의 지배를 위한 수단으로 전락하였다고 보고 있다. 호르크하이머와 아도르노는 논리가 이렇게 전락하는 것을 '거대한 학파'라는 표현을 써서 비판하고 있다.

앞선 인용문에서 말하는 단일화는 형식 논리에 의해 사고와 세계가 하나의 닫힌 통일체가 되는 것을 의미한다. 문명의 타락 과정에서 최상위에 위치하면서 이러한 단일화를 추동하는 주범은 물론 계몽이다. "닫힌 통일체에 의해 포착될 수 있는 것이, 계몽에 의해 존재 및 발생한 일로 우선적으로 인정될 뿐이다. 계몽의 이상은 체계이며, 체계로부터 모든 것과 각기의 것이 뒤따른다"(DA 5). 앞선 인용문에서 호르크하이머와 아도르노가 구체적으로 언급하지는 않고 있지만, 단일화의 거대한 학파는 서구 근대의 데카르트 학파를 지칭하는 것으로 해석해도 될 것이다. 『계몽의 변증법』에 세계에 대한 계산 가능성의 도식을 본격적으로 제공한 철학자가 바로 데카르트이기 때문이다.

논리를 올바르게 사고할 수 있는 능력으로부터 벗어나게 하여 논리를 세계에 대한 계산과 지배의 도구로 타락시키는 주범은 도구적 이성이다. 논리가 이처럼 도구적 이성의 수단으로 전락하면서 "존재를 와해"시키는 것이다. 존재가 존재로서 더 이상 존재할 수 없고 논리에 의해 와해됨으로써 세계에 존재하는 거의 모든 존재가 논리에 의해 관리되는 존재로 된다. 존재는 존재하지 않고 논리만 존재하게 된다. 이것이 바로 『계몽의 변증법』이 충격적으로 고발하는 내용이다. "이제부터는 존재는 로고스로 와해된다 …"(DA 11).

존재가 와해되고 로고스만 남은 세계는 논리에 의해 관리되고 지배되는 세계이다. 이처럼 잘못된 세계의 실례들이 바로 파시즘, 나치즘, 스탈린주의, 옛 동구권 사회주의, 마오쩌둥주의, 김일성주의, 아시아, 아프리카, 남미에서 창궐한 전체주의, 한국을 군사독재로 거의 30년 동안 지배한 전체주의와 같은 것들이다. 나치즘에 시중을 든 논리는 나치즘이 자행하는 무한 폭력을 질서라고 치장하는 선전 선동의 도구가 되었고, 스탈린주의의 도구가 된 논리는 대량 학살과 무자비한 숙청을 혁명 과업, 인민의 낙원 소비에트 건설로 치장하는 선전 선동의 원리로서 기능하였다. 논리가 저지르는 이러한 실제적인 폭력을 추동하는 이성이 바로 도구적 이성이다. 도구적 이성은 관념에 머물러 있는 개념이 아니며, 실제적인 폭력과 직결되어 있는 개념이다.

5) 공구로 전락한 학문, 학문의 원리로서의 자기 보존

학문은 인간이 지식을 획득하는 활동의 총체이다. 학문에 종사하는 사람은 세계의 전체를 인식하기 위해 물음들을 던지고 이에 대한 답변을 얻기 위한 수단으로 사고, 개념, 논리를 사용한다. 칸트는 학문을 인식의 원리들에 따라 정돈된 전체라고 보았다. 인간은 학문을 통해 세계에 대한 인식을 성취하고 그 결과를 지식으로 축적한다. 학문은 인식의 성취, 인식의 진보, 인식에 근거한 지식의 획득, 지식의 축적, 지식의 발달에 기여한다. 통상적으로, 학문의 발달은 문명 및 문화의 진보와 동일한 것으로 인정되어 왔다.

『계몽의 변증법』은 그러나 학문에 대한 이러한 통상적인 관념을 충격적으로 전복시킨다.

> "학문은 학문에 관한 의식을 스스로 갖지 않는다. 학문은 하나의 공구이다." (DA 77)

학문이 학문에 고유한 인식의 성취와 이를 통한 지식의 획득·발달이라는 임무를 저버리고 하나의 공구가 되었다는 것이다. 학문이 이처럼 타락하게 된 것은 학문이 학문에 관한 의식을 상실하기 때문이다. 학문의 타락은 사고가 도구로 되는 것, 개념이 이념적인 공구로 전락하는 것, 논리가 존재를 와해시키는 폭력을 행사하는 것과 궤를 같이한다. 타락한 학문이 사고, 개념, 논리를 이용하여 구축한 체계는 지배 체제에 하수인 역할을 하는 체계이다.

예를 들어 홉스의 『리바이어던』이나 카를 슈미트의 『정치 신학』에서 구축된 학문적 체계는 지배 체제가 질서라는 이름으로 유지되는 데 학문이라는 이름을 빌려서 근거를 세워 준 체계였다. 『계몽의 변증법』의 충격적인 학문 비판은 나치즘 지배 체제에서 법률학, 철학, 자연과학, 공학, 의학이 학문에 관한 의식을 망각한 채 이 체제의 작동과 유지를 위한 공구로 기능하였던 역사적 사실과 특히 부합한다고 볼 수 있을 것이다. 그러나 그러한 학문 비판은 이러한 차원을 넘어서 통용될 수 있다. 오늘날에도 학문은 지배 이데올로기에, 그것이 전체주의 사회에서의 정치적인 지배 이데올로기이든 또는 오늘날 세계를 지배하는 경제적인 이데올로기이든 관계없이, 여전히 시중을 들고 있기 때문이다.

『계몽의 변증법』의 학문 비판은 학문이 유혈을 불러일으킨다는 비판에서 정점에 도달한다. 인식의 성취, 지식의 축적과 진화, 지혜의 발달을 추동하는 원동력인 학문이 사회가 개인을 지배하면서 흘리게 하는 피를 부른다는 비판은 학문이 폭력적인 지배 체제의 도구로 전락하였음을 고발한다.

"학문의 규범은 학문에 고유하게 내재하는, 유혈을 부르는 성취 능력이다." (DA 79)

학문의 규범은 학문 주체가 비판적 의식, 사고의 자기 비판 능력, 개념의 올바른 사용과 형성, 올바른 사고 능력으로서의 논리의 준수에 충실하여 활동하고 이러한 모든 것에 토대를 두어 학문적 체계를 구축할 때 비로소 성립할 것이다. 그러나 학문이 본래의 규범을 망각한 채 전체주의적 지배 체제에 일방적으로 시중을 드는 것을 학문의 규범으로 설정하면, 학문의 규범은 "유혈을 부르는 성취 능력"으로 전도된다. 지배 체제는 그것에 강제적으로 편입되어 체제의 유지에 도구로 사용되고 체제에 의해 폐기되는 개별 인간들이 흘리는 피를 먹고 살기 때문이다. 지배 체제가 부려 먹는 기관Organ으로 전락한 학문은 절대 다수의 무력한 개별 인간들이 희생을 당하면서 흘려야 하는 피를 부르는 것이다.

이렇게 됨으로써 자아가 지배권력에 의해 몰수를 당하며, 학문이 이러한 폭력의 실행을 위한 도구가 된다. 개별 인간들에서 각기 고유하게 유지되어야 하는 "자아는 최종적으로 소유권을 몰수당한 시민들로부터 전체주의적인 트러스트[독점]를 가진 자들의 손으로 넘어간다. 이런 자들의 학문은 인간이 예속된 대중 사회의 재생산 방법들의 총체가 되었다"(DA 79). 학문은 사회에 예속된 개별 인간들의 삶을 항상 동일하게 재생산시키는 메커니즘을 구축하는 데 시중을 드는 도구로 전락한 것이다.

유혈을 부르는 성취 능력이 학문의 규범으로 되고 말았다고 비판한 것은 학문이 그것의 발생 이래로 기존 질서의 유지, 곧 지배 체제의 유지[63]에 이념적인 근거를 제시한 역사를 겨냥한

---

63 수메르 지역에서 세계 최초로 농업 사회가 성립하면서 천문학과 함께 태동한 학문

것으로 볼 수 있다. 그러나 204쪽의 인용문에서 보는 것과 같은 극단적인 학문 비판은 나치즘에서 학문이 유혈을 부르는 것에 연루된 역사적 사실에 더욱 직접적으로 관련되어 있다는 해석을 가능하게 한다. 나치즘에서의 학문의 타락은 일회성으로 끝나지 않았다. 학문이 부당한 지배 체제의 유지에 연루됨으로써 학문은 이 체제에 강제로 포획된 절대 다수의 무력한 개별 인간들에게 희생을 강요하는바, 학문의 이러한 타락은, 그 정도에 차이가 있기는 하지만, 예나 지금이나 지속되고 있기 때문이다. 칸트 철학에 정통했다고 알려진 어떤 철학자가 북한에서 김일성 주체사상을 학문적으로 근거 세우는 일에 평생 시달리다가 망명한 사례는 학문이 유혈을 부른다는 『계몽의 변증법』의 비판이 현재의 한반도에서도 통용됨을 입증한다. 이 사례는 학문과 지배 체제의 유착관계와 관련하여 우연하게 가시적으로 드러난 하나의 사례일 뿐이다. 이 유착관계는 오늘날 거의 대부분의 경우 비가시적으로 작동하고 있다.

은 발생할 때부터 계급적 성격을 갖고 있었다. 먹이를 얻는 노동으로부터 자유로운 사람들이 학문을 할 수 있었기 때문이다.

『계몽의 변증법』이 볼 때, 학문이 이처럼 타락하는 것은 학문의 본분을 망각하고 자기 보존에 급급한 것에서 발원한다. 자기 보존의 강제적 속박이 학문에도 해당되는 것이다. 학문이 지배 체제에 순응하여 지배 체제의 유지에 필요한 이념들을 학문적으로 근거를 세워 주는 일을 행하지 않을 경우, 학문은 자기 보존을 박탈당할 수 있는 위험에 직면한다는 것이다. "자기 보존은 학문의 정초적定礎的인 원리이다"(DA 79). 자기 보존은 도구적 이성을 작동하게 하는 근본 원리인바, 학문도 자기 보존의 강제적 속박으로부터 벗어나지 못한 채 도구적 이성에 종속되어 학문의 본분을 저버리는 것이다.

2. 도구적 이성을 공구로 사용하는 계몽이 자행하는 폭력

지금까지 나는 독자들에게 『계몽의 변증법』에 내재하는 도구적 이성의 개념을 안내하기 위해 원시제전에서의 도구적 합리성의 원형, 오디세우스의 자연지배적 이성, 자기 보존적 이성에 대해 해설하였고, 이어서 사고, 개념, 논리, 학문이 도구적 이성의 복합화와 진화에 어떻게 연루되는가를 분석하였다.

이제 계몽이, 세계를 지배하는 도구로 전락시킨 도구적 이성을 공구로 사용하여, 세계를 어떻게 관리·지배하는가를 살펴볼 차례가 되었다. 계몽이 세계에 대해, 그리고 세계에 존재하는 인간에 대해 어떻게 폭력을 자행하는가를 들여다볼 필요가 있는 것이다. 이렇게 함으로써 계몽의 자기파괴 과정, 곧 문명의 타락사가 더욱 명료하게 인식될 수 있기 때문이다.

도구적 이성에 이성의 수학화·형식화가 근본 원리로 내재되어 있는 것에 상응하여, 계몽은 "사고와 수학을 하나로 되게"(DA 25) 함으로써 자연·세계에 대한 계산 가능성, 이를 기초로 한 자연·세계·인간에 대한 지배 가능성을 근본적인 원리로 설정한다. 자연과 세계를 계산하고 자연·세계·인간을 지배하려는 계몽의 목표는 자연·세계·인간을 계몽에 유용한 재료로 관리하는 데 있다. 계몽은 자연뿐만 아니라 인간, 인간이 자연과의 관계에서 산출한 세계, 세계의 작동에서 중심적인 역할을 하는 사회까지 유용성의 기준에 따라 관리하는 것이다.

"계산 가능성과 유용성의 척도에 스스로 순응하려고 하지 않는 것은 계몽에는 혐의가 있는 것으로 통용된다. 계몽이 계몽의 밖에서 가해지는 억압으로부터 방해받지 않은 채 계몽을 한번 전개해도 되면, 이렇게 해서 더 이상 거칠 것이 없게 된다." (DA 10)

이처럼 폭주하는 계몽은 자연지배를 지속적으로 추동하면서 자연과 인간, 세계를 계몽에 붙잡힌 노예로 만들면서 문명의 과정을 타락의 역사로 끌어내린다. 자연·인간·세계가 계몽의 노예가 되는 상태, 곧 탈주술화가 산출한 상태가 바로 신화이며, 이에 대해서는 3장 4절에서 이미 해설한 바 있다.

세계에 대한 총체적인 계산·지배 가능성을 실행에 옮기는 계몽에는 알려지지 않은 채 존재하는 것들이 존재해서는 안 된다. 모든 것은 알려져야 하며, 세계는 알려진 하나가 되어야 한다.

"알려지지 않은 것이 더 이상 존재하지 않을 때, 인간은 두려움으로부터 자유롭다는 망상을 하게 된다. 이것이 탈신화화Entmythologisierung의 도정, 그리고 계몽의 도정을 규정한다." (DA 17)

"단지 어떤 하나의 체계일 뿐인 체계가 전체주의적인 것처럼, 계

몽도 바로 이처럼 전체주의적이다." (DA 25)

알려지지 않은 것이 존재해서는 안 되는 세계는 그것 자체로
서 닫힌 통일체이며, 이 통일체는 계몽이 도구적 이성을 부려
서 구축한 체계이다. 이 체계는 전체주의적이다. 파시즘, 나치
즘, 옛 소련과 옛 동구권의 전체주의, 남미 대륙과 아시아 여러
지역에서 창궐하였고 일부 국가들에서 지금도 여전히 작동하
고 있는 전체주의는 『계몽의 변증법』의 시각에서 볼 때는 계몽
이 구축한 체계가 특별한 정도의 부정적인 형식으로 전체주의
적인 모습을 보이는 경우라고 해석될 수 있다.

그러나 책머리에서 말했듯이, 『계몽의 변증법』이 매개하는
인식은 전체주의적 지배 체제에 국한되지 않는다. 이 책의 시
각에서 볼 때, 오늘날 세계를 관리·지배하는 중심 권력이 된
경제·자본권력도 세계를 그것 자체로 닫힌 통일체로 관리하고
있으며, 이 권력도 역시 전체주의적이다. 계몽이 도구적 이성
을 부려서 만든 전체주의적 지배 체제가 오늘날에는 경제·자
본권력이 구축한 지배 체제의 형식으로 작동하고 있다고 볼 수
있는 것이다.

계몽에는 어떤 것도 계몽의 세계 지배력을 벗어나 존재해서는 안 된다. 모든 것은 계몽이 구축한 닫힌 통일체, 곧 전체주의적인 체계 내에서만 존재해야 한다.

"계몽은 모든 개별적인 것을 기율의 틀에 집어넣어 사육시켰다. 이렇게 함으로써 계몽은 포착되지 않은 전체에 자유를 허용하였다." (DA 40)

계몽이 수학적 사고, 사고의 도구화, 개념의 공구화, 논리의 형식화, 학문의 공구화, 학문이 자기 보존에 종속되는 것을 추동하는 도구적 이성을 도구로 삼아 구축한 닫힌 통일체는 전체이다. 계몽이 구축한 것은 전체이다. "계몽은 전체주의적totalitär 이다"(DA 10). 계몽은 따라서 독재자와 같은 것이다. "계몽은 독재자가 인간들에 대해 행동하는 것처럼 바로 그렇게 사물들에 대해 행동한다. 독재자는 그가 사물들을 조작할 수 있는 한에서만, 사물들을 알게 된다"(DA 12). 독재자와 같은 계몽이 구축한 전체는 전체에 예속된 모든 개별적인 것에 출구를 허용하지 않는다. 전체는 그것에 예속된 모든 개별적인 것을 전체가 설정한 기율紀律의 틀에 감금하여 전체가 필요로 하는 목적을 위해 사용될 수 있게끔 사육시킨다. 그러나 전체는 포착되지 않으며, 전체에 이러한 자유를 부여하는 것은 계몽이다.

이 점에 관해서는 더 구체적인 논의가 필요하며, 이를 위해서는 프랑크푸르트학파가 내놓은 핵심 개념들 중의 하나인 "보편적 현혹의 연관관계"를 살펴보아야 한다. 계몽이 구축한 전체에 종속된 모든 개별적인 것은 전체의 입장에서 보면 알려지지 않은 채 존재해서는 안 되는 것들이고 철저하게 관리되는 것들이다. 이것은 인간에게도 해당한다. 모든 개별 인간은 모두 알려진 존재로서 전체에 의해 관리·지배되는 존재들이고 동일한 삶을 반복해야 한다.

그러나 이렇게 작동하는 전체는 모든 개별 인간에게는 장막으로 가려져 있다. 전체는 모든 개별 인간의 눈을 멀게 하는 것이다. 모든 개별 인간은 전체가 작동하는 구조를 통찰할 수 있는 가능성을 차단당한 채, 거의 눈이 먼 상태에서, 전체에 의해 지배를 받는 것이다. 전체는 포착되지 않은 채 자유를 누리는 반면에, 전체에 포획된 모든 개별 인간은 눈이 먼 상태에서 동일한 삶을 반복해야 하는 것이다.

"죄가 있는 것은 사회적인 현혹의 연관관계이다." (DA 40)

계몽은 전체에는 자유를 부여하지만, 전체에 예속된 개별 인간들을 보편적 현혹의 연관관계에 가두어 놓는다. 이 연관관계로부터 모든 개별적인 것과 모든 개별 인간을 구출하기 위해서는 계몽에 대한 계몽, 이성의 자기 자각이 필요하다.[64]

3. 계몽의 마지막 산물로서의 실증주의

『계몽의 변증법』의 실증주의 비판은 이 책을 더욱 심도 있게 이해하는 데 크게 도움을 줄 뿐만 아니라 프랑크푸르트학파의 사상에 더 가까이 다가서는 데도 기여하기 때문에, 나는 이 자리에서 실증주의 비판을 조금 구체적으로 논의하려고 한다.

1) 실증주의 인식 원칙, 학문과 실제에 대한 지배력

실증주의는 미리 주어진 것, 사실적으로 확인 가능한 것, 감

---

64 이에 대해서는 6장에서 살펴볼 것임.

각적으로 지각 가능한 것, 객관적으로 경험 가능한 것들만을 인식의 대상으로 삼는 학문적 흐름이다. 실증주의가 가장 중시하는 것은 인식의 객관성이다. 실증주의는 카메라가 대상을 있는 그대로 사진을 찍듯이 바로 그렇게 대상을 있는 그대로 인식해야 한다는 원칙을 갖고 있다. 실증주의는 이러한 원칙에 따라 인식에서 ―프랑크푸르트학파의 비판 이론에서는 사유의 핵심에 해당하는 원리이자 방법인― 변증법적 사유의 원리와 방법을 배제한다.

실증주의는 수학자이자 자연과학자인 오귀스트 콩트A. Comte에 의해 창시되었다. 그가 의도한 것은 자연과학적 사회과학이었다. 그는 자연과학이 자연의 법칙을 탐구하여 자연에 대한 객관적인 인식을 획득하는 것과 똑같은 방식으로 사회과학도 사회를 탐구할 수 있다고 보았다. 그가 『실증철학 강의』에서 이러한 연구에 도달한 단계를 학문 연구의 최종 단계인 실증주의적 단계라고 명명한 것은 잘 알려져 있다. 이런 시각을 가진 콩트가 사회에 대한 인식에서 자연이 이미 주어져 있듯이 바로 그렇게 미리 주어진 것에 인식을 제한하는 것은 당연한 귀결이었다.

콩트가 출범시킨 실증주의는 오늘날 사회학을 넘어서 세계의 사회과학에서 가장 지배적인 학문적 조류이다. 간과해서는 안 될 것은, 인문과학에 대한 실증주의의 영향력도 지대하다는 점이다. 콩트가 사회학 방법론으로 창안한 것들은 관찰, 실험, 분류, 비교, 역사적 방법이었다. 콩트 이후 전개된 실증주의는 콩트의 방법론을 이어받아 관찰, 실험, 설문 조사, 통계를 방법론으로 정립하였고, 이 방법론은 사회조사 방법론이라는 이름으로 오늘날 전 세계적으로 통용되고 있다. 단적인 예로, 실증주의의 위력은 여론조사의 영향력과 지배력만 보아도 입증된다. 오늘날의 인류가 거의 매일 경험함으로써 인간의 의식, 판단, 행동과 행위, 사회적 행위, 정치적 결정 등을 지배하는 위력을 갖고 있는 여론조사는 실증주의의 산물이다.

실증주의의 막대한 위력은 서구 학문의 역사에서 중요한 학문적 업적을 남긴 많은 사상가와 이론가가 실증주의의 방향을 따르거나 실증주의에 의해 결정적으로 영향을 받은 사실에서 구체적으로 입증된다. 진화론적 사회학을 창시하여 오늘날까지 사회학·경제학에 영향을 미치고 있는 허버트 스펜서, 거의 100여 년 동안 문학 연구에서 지배적인 영향력을 행사하였고 오늘날에도 영향력을 유지하고 있는 실증주의 문예학의 창시자 이폴리트 테느Hippolyte Taine, 프랑스 사회학의 초석을 다졌고 인류학·민족학으로까지 연구 범위를 확대한 에밀 뒤르켐, 자유주의를 대표하는 사상가 존 스튜어트 밀, 생명체를 신의 피조물로 보던 서구의 지배적인 시각을 전복시키고 생명체 연구의 근간을 정초한 진화론을 창시한 찰스 다윈, 종교 비판으로 서구 사상에 충격을 준 루트비히 포이어바흐, 물리학·철학·과학사·심리학·음악학에서 독특한 업적을 남긴 에른스트 마흐 등이 실증주의를 직접적으로 계승한 학자들이다.

1920년대에 빈Wien을 중심으로 형성되어 오늘날까지 서양 철학의 중요한 조류로 이어지고 있는 논리실증주의도 실증주의의 한 부류이다. 아도르노는 인류 역사상 최고의 사회과학자로 볼 수 있는 막스 베버, 그리고 그의 이해사회학을 구조기능론이 중심에 위치하는 사회학으로 변형하여 20세기 미국 사회학을 지배하였으며 오늘날까지 세계적으로 영향력을 행사하는 탤컷 파슨스도 실증주의에 포함된다고 본다. 이런 시각에서 보면, 베버 사회학, 파슨스의 구조기능론적 사회학의 연장선에서 탄생한 니클라스 루만Niklas Luhmann도 실증주의의 영향권에 있는 사회학자라고 볼 수도 있다. 심지어는 니체조차도 실증주의에 속한다고 보는 견해도 있다. 앞에서 예를 든 사상가들과 이론가들 이외에도 실증주의와 직간접적으로 관련이 있는 이론가와 학자들이 너무 많아서 그들의 이름을 열거하기조차 어렵다.

콩트가 사회물리학이라고 명명한 사회학에서 출발한 실증주의는, 특히 그가 제시한 실증주의적 연구방법론은 사회학을 넘어서 철학(특히 논리 실증주의), 역사학, 경제학, 법학, 정치학, 심리학, 교육학, 인류학, 민족학, 언어학, 문예학, 미학에서 결정적인 영향력을 행사했고, 이 영향력은, 문예학과 미학에서의 영향력 감소[65]를 제외하고, 오늘날 더욱 증대되는 추세에 놓여 있다. 자연과학 전반과 테크놀로지가 실증주의의 영향권 아래에 놓여 있다는 것은 두말할 나위가 없다. 조금 과도하게 말한

---

[65] 발터 벤야민과 테오도르 아도르노가 전개하는 문학론, 미학·예술이론이 이러한 영향력 감소에 가장 크게 기여하고 있다고 보아도 결코 무리한 시각은 아닐 것이다. 두 이론가는 정적(靜的)인 카테고리들을 통해 문학과 예술을 보아 왔던 서구의 문학론, 미학·예술이론을 거부하고 카테고리들이 역사적으로, 동적으로 운동한다는 새로운 관점에서 문학론, 미학·예술이론을 정초하였다. 이에 힘입어 실증주의 문예학과 미학의 영향력이 급속도로 감소하고 있다고 볼 수 있을 것이다.

다면, 나는 오늘날 인류가 실증주의에 의해 포획되어 있다고 본다. 대학의 경쟁력과 위력을 통해 세계의 학문을 지배하는 미국의 학문은 물론이고 서유럽의 학문을 지배하는 조류도 실증주의이다. 한국의 학문에 대한 실증주의의 지배력도 매우 과도하다.

2) 신화적인 강제적 속박의 틀로서의 순수한 내재성

콩트 이래로 이처럼 거대하고도 지배적인 학문적 조류인 실증주의에 가장 강력한 대립각을 세운 학파가 프랑크푸르트학파이며, 이 학파에 속한 이론가들 중에서도 특히 아도르노가 실증주의에 적대적이었다. 아도르노에게 관건이 되는 것은 실증주의의 지배력을 경감시켜 실증주의에 포획된 세계를 구출하는 것이다. 그가 볼 때, 실증주의의 지배력을 줄이지 않으면, 세계는 영구히 동일한 ─모순에 가득 찬 부정적인─ 세계에 머물러 있을 수밖에 없고, 인간의 삶은 사회가 인간에게 강제하는 동일한 삶을 영구히 반복할 수밖에 없다.

프랑크푸르트학파를 대표하는 아도르노의 실증주의 공격은 실증주의 논쟁에서 정점에 이르렀다. 1961년부터 1967년까지 지속된 실증주의 논쟁은 20세기 후반 서구 사회과학계에서 벌어진 최대의 학문적 논쟁이었다. 과학철학자이자, 실증주의에 기초한 비판적 합리주의를 창시한 칼 포퍼와 실증주의 사회학자 한스 알베르트Hans Albert가 한 진영을 이루고, 변증법적 사회 비판 이론을 주창한 아도르노와 하버마스가 반대 진영을 형성하여 진행된 실증주의 논쟁에서 포퍼와 알베르트는 변증법적 사회 비판 이론을 신학이나 형이상학과 같은 것이라고 비판하였다. 이에 대해 아도르노와 하버마스는 실증주의를 모순을 인정하지 않는 학파, 인식에서 역사성을 무시하는 학파, 순수한 내재성에 머물러 있는 학파라고 공격하였다.

실증주의의 위력에 대한 지금까지의 논의를 정리해 보기로 한다. 첫째, 실증주의의 전통에 속하는 사상가들과 이론가들의 면면에서, 둘째, 실증주의가 여러 학문 영역에서 미치는 영향력에서, 셋째, 실증주의 논쟁에서 입증되듯이, 실증주의가 서구의 정신적 조류에서, 더 나아가 세계의 학문 지형에서 차지하는 비중은 매우 크고, 그것의 지배력은 강력하다.

『계몽의 변증법』은 위에서 본 바와 같은 위력과 영향력을 가진 실증주의를 문명 타락의 주범인 계몽의 마지막 산물이라

고 본다. 문명 타락의 정점에 실증주의가 위치하고 있다는 것
이다.

"계몽의 마지막 산물인, 실증주의의 순수한 내재성die reine Immanenz
은 말하자면 보편적인 금기, 다른 것이 아닌 바로 이러한 금기이
다. 아무것도 순수한 내재성의 밖에 더 이상 존재해서는 안 된다.
밖에 무엇이 존재한다는 단순한 표상이 불안의 고유한 원천이기
때문이다." (DA 18)

실증주의가 세계 내에 미리 주어진 것들만을, 자연과학의 연
구방법론에서 차용한 객관적인 방법론을 사용하여 인식함으
로써 산출하는 것이 순수한 내재성이다. 순수한 내재성을 이해
하기 위해 1789년에 발생한 세계사적 변혁인 프랑스 대혁명을
예로 들어 보기로 한다. 프랑스 대혁명은 부르봉 왕조가 장기
간에 걸쳐 절대권력을 장악하면서 사회적인 모순들을 야기하
였고 민중의 삶이 피폐해짐으로써 민중의 의식이 부르봉 왕조
를 전복시켜야 한다는 절박감과 필연성에 함께 모아지면서 발
생한 사태이다. 프랑스 대혁명이라는 사태를 인식하고자 할 때

사회적인 모순이라는 개념과 의식의 운동이라는 개념을 배제할 수는 없는 것이며, 배제되어서도 안 되는 것이다. 그러나 실증주의는 프랑스 대혁명 발발 당시의 사회적 모순을 보여 주는 각종 통계수치를 중시하며, 혁명에서 주도적인 역할을 하는 인물 또는 집단 사이에서 발생한 객관적으로 확인 가능한 갈등, 바스티유 감옥의 습격과 왕과 귀족의 처형 등 혁명 과정에서 발생하는 여러 사태, 혁명에 가담한 사람들과 희생자들의 수치 등을 객관적으로 관찰하고 그 결과를 통계로 작성함으로써 프랑스 대혁명에 대한 인식을 성취했다고 본다. 프랑스 대혁명을 발발시킨 민중의 의식의 운동은 미리 주어진 것, 객관적이고도 사실적으로 확인 가능한 것, 감각적으로 지각 가능한 것이 아니기 때문에 인식에서 철저하게 배제된다. 의식의 운동과 같은 개념은 실증주의에 따르면 형이상학이 —이해될 수 없는 신비한 것으로서— 다루는 개념일 뿐이다. 이렇게 해서, 사회적 모순에 저항하는 인간의 의식의 운동이 유발한 세계사적 사태인 프랑스 대혁명이 실증주의가 설치한 —미리 주어진 것들만이 인식의 대상이 된다는— 인식 원칙과 이 원칙에 부합하는 방법론이 산출하는 결과인 순수한 내재성에 갇히게 된다. 프랑스 대혁명의 본질이 실증주의의 순수한 내재성으로 인해 인식되지 않게 되는 것이다.

실증주의는 세계 내에 미리 주어진 것들만을 인식하기 때문에 실증주의에 따르면 세계는 그것 자체로 내부적으로 닫힌 순수한 내재성이 된다. 프랑스 대혁명이 발발했던 시기의 세계는 실증주의에서는 그것 자체로 내부적으로 닫힌 순수한 내재성이 세계이다. 실증주의는 인간의 의식이 격렬하게 운동했던 당시의 세계를 순수한 내재성의 세계로 인식할 뿐이다. 사회적 모순들이 인간의 의식을 극도로 자극했다는 시각은 실증주의가 구축하는 순수한 내재성을 거스르는 시각일 뿐이다. 계몽이 세계를 계산 가능성·지배 가능성의 척도에 따라 관리하고 지배함으로써 순수한 내재성의 체계를 구축하는 것과 똑같은 정도로, 그리고 이 체계가 자체로서 닫힌 체계인 것과 똑같은 정도로, 실증주의도 인식 대상을 제한하고 이에 상응하는 방법론을 이용하여 세계를 관리하고 지배함으로써 자체로서 닫힌 체계인 순수한 내재성의 체계를 구축한다. 계몽이 세계를 수학과 계몽이 하나가 되게 함으로써 포획하듯이 바로 그렇게, 실증주의도 인식 대상들과 자연과학적 방법론에 의한 인식을 하나가 되게 함으로써 세계를 포획한다.

따라서 어떤 것이 알려지지 않은 채 외부에 존재하는 것이 계몽에 있어 불안이듯이, 실증주의가 금과옥조로 설정한 "순수한 내재성"에는 이것의 외부에 어떤 것이 존재하는 것 자체가 불안이다. 인식에 의해 포획되지 않는 것이 인식의 외부에 존재하는 것을 허용하지 않는 것이다.

실증주의가 계몽의 자기파괴 과정에서 출현한 마지막 산물이라는 비판은 실증주의가 사물(태)에 대한 인식에서 방법론이 사물(태)에 대해 절대적인 우위를 점한다는 사실과 접점을 형성한다. 실증주의는 자연과학이 자연의 법칙들을 객관적으로 설명하기 위해 도입한 관찰, 실험, 통계 등의 방법론을 인식에서 사물(태)의 우위에 둔다. 방법론은 사물(태)에 대한 인식을 성취하기 위한 수단에 불과함에도 방법론이 사물(태)을 압도하는 것이다. 이렇게 함으로써 방법론이 사물(태)을 방법론에 가두어두며, 미리 주어진 사물(태)만이 방법론에 의해 인식되기 때문에 순수한 내재성의 체계가 방법론에 의해 산출되는 것이다.

실증주의 논쟁에서 아도르노와 하버마스가 제기한 비판에 따르면, 실증주의는 방법론을 인식에서 우위에 설정함으로써 세계 변혁과 사회 변화를 원천적으로 배제한다. 그들이 볼 때, 실증주의는 기존의 질서가 반복적으로 재생산되는 데 시중을 드는 이데올로기에 지나지 않는다. 그들의 실증주의 공격은 실증주의가 변증법적인 사유를 거부하면서 기존의 질서 유지에 시중을 든다는 점에 집중적으로 향하고 있는 것이다.

아도르노와 하버마스의 이러한 실증주의 비판은 다음과 같은 맥락에서 설득력이 있다. 실증주의가 구축하는 순수한 내재성은 이것의 밖에 어떤 것이 존재하는 것을 거부함으로써 실증주의로 하여금 세계에 존재하는 모든 것의 관리를 가능하게 한다. 실증주의와 함께 하나의 닫힌 통일체로서의 세계가 형성되는 것이며, 실증주의가 관리하는 이 세계의 변혁 가능성은 차단되어 있다. 순수한 내재성의 세계는 따라서 실증주의가 관리하는 세계와 동일하며, 이러한 논리에서 보면 세계는 실증주의의 노획물에 불과하다. 실증주의가 인식하는 세계는 영구히 동일한 세계이다. 이 점에서 실증주의는 동일한 것의 영원한 반복에 시중을 든다. 이는 아도르노가 사회를 사회에 의해 포획된 개인들의 삶을 반복적으로 재생산하는 메커니즘으로 본 시각과 일치한다. 실증주의는 인간의 삶을 동일한 것의 반복에 묶어 둠으로써 신화와 원리적으로 동질적이다. "실증주의가 앞에서 말한 총체성 개념[66]을 신화적이고 학문 이전적인 잔재라고 비난한다면, 실증주의는 신화학에 대항하여 전개하는 끈기 있는 투쟁에서 학문을 신화화한다. 학문의 도구적 성격, 말하자면 사물과 그 관심에 방향을 맞추는 것 대신에 처리 가능한 방법론들의 우위에 방향을 맞추는 것은, 학문적 처리의 대상과 마찬가지로 학문적 처리도 똑같은 정도로 적중시키는 통찰들을 저해한다."[67] 포퍼와 알베르트가 프랑크푸르트학파의 비판이론을 신화학이라고 비난한 것에 대항하여, 아도르노와 하버마스는 실증주의야말로 신화학이라고 공격하고 있는 것이다.

나는 무엇보다도 특히 오늘날의 세계가 실증주의에 의해 거의 완벽하게 포획되어 있다고 본다. 1980년대 후반부터 세계를 지배하는 —신자유주의라는 이데올로기에 의해 주도된— 경제

---

66 비판 이론이 변증법적 사유를 통해 추구하는 총체성임. 일반적인 것과 특별한 것, 전체와 부분, 사회와 개인의 관계에서 필연적으로 발생하는 모순들을 부정의 부정도 다시 부정이 되어야 한다는 항구적인 부정을 통해, 곧 아도르노가 말하는 부정변증법을 통해 지양함(없애 가짐)으로써 실현될 수 있는 총체성임.

67 테오도르 W. 아도르노(2017), 『사회학 논문집 I』, 문병호 옮김, 서울: 세창출판사, 399쪽.

절대주의는 전 세계적으로 경제적·사회적 양극화를 극단적으로 심화시키고 있으며, 이에 상응하여 절대 다수의 무력한 개별 인간들은 자기 보존의 강제적 속박에 종속된 채 자기 주체의 자기 포기를 생존 법칙으로 받아들이지 않을 수 없는 처지에서 동일한 삶을 동일하게 반복해야만 한다. 또한 서구 과학 기술 문명과 경제 절대주의의 증대되는 결합은 지구 생태계 파괴를 가속시킴으로써 인간이 원인을 제공하는 기후 변화라는 미증유의 사태를 유발하고 있다. 이처럼 심각하게 드러나는 모순들 이외에도 경제 절대주의가 유발하는 모순들은 낱낱이 예거될 수 없을 정도로 과도하다.

실증주의는 앞에서 예를 든 심각한 모순들의 본질에 대해 인식할 수 없다. 양극화와 기후 변화를 관찰하고 실험하여 얻는 통계수치, 설문조사를 통해 얻는 통계수치를 제시할 뿐이다. 통계수치의 제시가 이러한 모순들의 본질을 인식하게 할 수는 없다. 모순들이 지양되지 않는 세계는 항상 동일한 세계로 작동할 뿐이며, 오늘날의 실증주의는 세계가 항상 동일한 세계로 작동하는 데 시중을 듦으로써 세계 변혁의 가능성을, 곧 모순들을 지양할 가능성을 근본적으로 차단하고 있는 것이다. 실증주의는 오늘날의 세계 내에 존재하는 미리 주어진 것들만을 인식 대상으로 제한하고 있음에도, 앞에서 말했듯이 그 영향력과 지배력을 통해 세계를 포획함으로써 세계는 변혁 가능성이 차단된 채 항상 동일한 세계로 머물러 있다. 실증주의의 노획물이 된 세계에서 모순들의 지양은커녕 모순들이 오히려 확대 재생산되고 있다.

『계몽의 변증법』은 실증주의를, 불의의 연관관계를 지속적이고도 강제적으로 생산하는 관계인 계몽과 신화의 변증법적 착종관계에서, 계몽을 "극단적으로 된, 신화적인 공포"로 만드는 데 최종적으로 시중을 드는 학문적 입장이라고 비판한다. 실증주의와 함께 계몽은, 실증주의의 순수한 내재성에 힘입어, 그것의 신화적인 성격을 정점으로 끌어올리는 것이다. 다시 말해, 순수한 내재성에서 신화와 동질적인 ―계몽이 만들어 낸― 실증주의는 계몽과 신화의 변증법이 구축하는 불의의 연관관계의 정점에 위치하는 정신이다. 다음의 인용문은 계몽과 신화의 변증법이 실증주의 단계에서 어떤 상태에 도달하는가를 극명하게 보여 준다.

"사실事實은 아무것도 아닌 것이 된다. 사실이 일어났다는 것은 거의 의미가 없다. 행위와 반응의 동일함에 대한 가르침은, ─인간들이 반복된 현존재와 자신을 반복을 통해 동일화시키며 이렇게 함으로써 현존재가 가진 권력으로부터 자신을 빠져나오게 한다는 환상幻想을 오래전에 단념한 이래로─ 현존재의 위에 군림하는 권력인 반복의 권력을 주장하였다. 그러나 마법적인 환상이 더욱 멀리 사라질수록, 반복은 법칙성이라는 제목 아래에서 인간을 순환 과정에서 묶어 둔다. 인간은 자연 법칙에서의 이러한 순환 과정의 대상성Vergegenständlichkeit에 의해 자신이 자유로운 주체로서 보장된 것이라는 망상을 갖지만, 반복이 순환 과정에 묶어 놓은 대상에 지나지 않는다. 계몽이 신화적인 상상력에 대항하여 대표하는 원리인 내재성의 원리, 곧 각기 발생하는 모든 일을 반복으로 설명하는 원리는 신화의 원리 자체이다." (DA 14-15)

동일한 것의 반복의 틀은 원래는 신화적 속박의 강제적 틀에서 유래하지만, 계몽이 신화로 넘어감으로써 계몽도 신화처럼 신화적 속박의 강제적 틀을 구축한다. 동일한 것의 반복은 "행위와 반응의 동일함"을 가르치고 인간이 어떤 특정 행위에 대해 보일 수 있는 다양한 반응들을 차단함으로써 인간을 "순수한 내재성"에 묶어 둔다. 이렇게 구축된 순수한 내재성에서 환호를 올리는 것은 개별적이고 특별하며 구체적인 것에 대하여 일반적인 것이 행사하는 독점적인 지배력, 그리고 개인에 대한 사회의 일방적인 지배력이다. 도구로 전락한 사고가 ─실증주의에서 사고는 자기 비판·자기 성찰의 능력을 갖지 못한다. 미리 주어진 것들에 대해서만 사고하기 때문이다─ 대상을 일방적으로 지배하는 메커니즘, 사회가 개인을 빈틈없이 지배하는 메커니즘이 순수한 내재성에서 형성되는 것이다.

이렇게 해서, 순수한 내재성에서 작동하는 동일한 것의 반복은 인간의 삶을 강제적으로 속박하는 권력이 된다. 인간은 이 권력으로부터 벗어날 수 없으며, 인간은 "반복된 현존재와 자신을 반복을 통해 동일화"시킴으로써 존재할 수 있을 뿐이다. 계몽이 구축한 이 권력은 신화가 구축한 권력과 반복의 원리에서 동일한 성격을 갖는다. 이러한 권력을 작동시키는 메커니즘 형성의 정점에 실증주의가 위치하며, 따라서 실증주의는 계몽의 마지막 산물이다. 인간은 실증주의가 구축한 권력에 포획되면서 동일한 삶을 반복해야 하는 것이다.

『계몽의 변증법』은 실증주의가 인간을 지배하는 실상을 '폭군의 성채'에 비유하면서 다음과 같이 비판한다.

"민중이 여전히 항상 창출하는 것인 주어진 것 앞에서 민중이 보여 주는 외경심, 곧 신화적인 학문적 외경심은 마침내 그것 스스로 긍정적인 사실로 되고 폭군의 성채城砦로 된다. 폭군의 성채 맞은편에서 혁명적인 판타지는, 유토피아주의로서, 판타지 자체를 꺼리게 되고 역사의 객관적인 경향에 대한 순종적인 신뢰로 변질된다. 그러한 적응의 기관Organ으로서의 계몽, 수단들의 단순한 구축으로서의 계몽은 계몽의 낭만적인 적들이, 계몽이 이렇게 되는 것을 뒤에서 욕하는 것만큼이나 파괴적이다." (DA 40-41)

실증주의는 인간을 신화에 다시 가두어 놓지만, 실증주의의 도움을 받아 작동되는 지배 체제에서 이 체제의 강제적 구성원들로 존재할 수밖에 없는 민중은 자신들을 신화에 가두는 주범인 실증주의가 유일하게 인정하는 인식 대상인 미리 주어진 것

앞에서 "신화적인 학문적 외경심"을 갖게 된다는 것이다. 민중은 실증주의가 구축한 순수한 내재성에 갇혀서 미리 주어진 것을 "여전히 항상 창출"하는 역할을 떠맡음으로써 실증주의의 희생자가 됨에도 불구하고, 역으로 미리 주어진 것을 신화적인 학문적 외경심을 갖고 대하는 모순에서 허우적거리는 것이다. 민중은 자신들의 삶을 항상 동일한 삶의 반복적 재생산 메커니즘에 종속시켜 자신들의 삶을 박탈하는 실증주의의 본질을 비판적으로 꿰뚫어 보기는커녕 그것의 지배력에 압도당한 채 실증주의를 두려움을 갖고 바라본다는 것이 『계몽의 변증법』의 시각이다.

실증주의의 인간 지배력에 의해 산출되는 "신화적인 학문적 외경심"에는 비판이 끼어들 공간이 차단되어 있기 때문에 "그것 스스로 긍정적인 사실"로 된다. 그러나 이러한 외경심은 이것을 보여 주는 민중을 보살피기는커녕 그들을 지배하는 "폭군의 성채"로 된다. 계몽의 마지막 산물인 실증주의는 이처럼 파괴적이다.

3) 확실성을 그것 자체로 물신으로 만드는

　실증주의, 동어반복

　마지막으로 나는 『계몽의 변증법』에서 볼 수 있는 실증주의 비판을 넘어서서, 아도르노가 1968년 학생들을 대상으로 한 강의인 『사회학 강의』에서 행한 실증주의 비판을 이 자리에 언급하고자 한다. 실증주의의 문제점들에 대한 이해가 높으면 높을수록, 『계몽의 변증법』의 세계와 아도르노의 사상에 더욱 깊게 들어갈 수 있기 때문이다. 또 하나의 부수적인 목적도 있다. 실증주의에 거의 완벽하게 포획됨으로써 실증주의의 문제점들에 대한 인식에 아무런 관심을 갖지 않은 상태로 이를 무비판적으로 수용하여 한국에서 학문 활동을 하는 사람들에게 아도르노의 통찰을 전달해 주고 싶기 때문이다.

　아도르노가 『사회학 강의』에서 행한 실증주의 비판은 매우 예리한 통찰을 담고 있어서 이 비판을 접하는 사람들에게 학문적인 인식 진보를 제공한다. 그는 실증주의가 "확실성을 그것 자체로 물신物神으로 만들고" 있다는 점, 실증주의의 특징이자 본질인 방법론의 우세함으로 인해 "사고의 수단들이 스스로 독립적으로 되고 사물화되었다"는 점, "방법론학의 이상理想"에 빠진 실증주의가 "동어반복의 원리"를 구축하고 이 원리로 인해 "인식 자체가 작동적으로 규정"되는 결과에 이르게 된다는 점을 꿰뚫어 보고 있다.

독자들은 이러한 통찰을 접함으로써 원시제전 이래로 문명을 타락시키면서 사회를 불의의 연관관계로 구축한 계몽이 —그것의 자기파괴 과정의 정점에서— 산출한 정신이 바로 실증주의라는 『계몽의 변증법』의 비판에 더욱 가까이 다가설 수 있을 것이다.

먼저 아도르노가 실증주의의 본질과 실증주의가 추구하는 인식이 동역학적인 성격을 갖는 사회를 제대로 인식할 수 없다는 점에 대해 학생들에게 설명하는 내용을 보기로 한다.

"동역학은 자본주의에 들어 있는 것이지만 실증주의는 이 점을 등한시하였습니다. 실증주의는 원리적으로 볼 때 동역학적인 법칙성으로부터 출발하지 않고 개별적인, 확실히 정적靜的인, 눈앞에 보이는 사실들로부터 출발합니다. 실증주의는 이렇게 출발한 후 사실들을 보충적으로 비로소 사실들 사이의 관계들에 집어넣습니다. 내가 지금 여러분에게 말하고 있는 동역학의 종류는 자본주의에서 나타나는 팽창의 원리입니다. [...] 사회학은 우리가 살고 있는 사회의 특별한 속성에서 —이것은 오늘날 지구 전체에 있는 사회에 대해, 단계로든 지배 형식으로든, 확실히 전형적입니다— 동역학적인 원리인 팽창의 원리가 지배적으로 나타나고 있다는 점을 보지 않은 채 팽창의 원리를 등한시하고 있는 것입니다."[68]

아도르노가 볼 때, 실증주의의 대상 인식은 이처럼 "개별적인, 확실히 정적인, 눈앞에 보이는 사실들"로 제한되어 있기 때문에, 실증주의는 하나의 과정이자 기능의 연관관계[69]로서 동역학적으로 운동을 하는 사회를 제대로 인식할 수 없다. 따라서 실증주의 사회학은 사회학의 중심적인 인식 대상이라고 볼 수 있는, 팽창과 분화를 본질적인 원리로서 갖고 있는 자본주의에 내재하는 동역학을 인식하지 못한다는 것이다. 미리 주어진 것들만을 인식한다는 원칙을 가진 실증주의는 변증법적 비

68 테오도르 W. 아도르노(2014), 『사회학 강의』, 문병호 옮김, 90쪽.
69 사회를 과정과 기능의 연관관계로 보는 시각은 아도르노가 사회를 보는 가장 핵심적인 시각이다.

판 사회이론에는, 곧 사회에는 모순이 필연적으로 내재하기 때문에 모순을 운동시켜 부정적인 것을 지양하려는 비판 사회이론의 시각에는 동일한 것의 반복에 시중을 듦으로써 기존하는 질서를 옹호하는 이데올로기에 지나지 않는 것이다. 실증주의의 제한된 인식 원칙은 자본주의의 본질을 포착할 수 없을 뿐만 아니라 자본주의에 필연적으로 내재하는 모순에 대해 눈을 감는다는 아도르노의 비판은 따라서 설득력이 높다고 볼 수 있을 것이다.

이어서 실증주의 방법론에 대한 아도르노의 비판을 보기로 한다. 비판에 앞서 그는 실증주의 방법론에 대한 열광이 전 세계적으로 존재하고 있음을 지적하고, 특히 미국에서는 이 열광이 실증주의 전통에 상응하여 전개되고 있으며, 독일에서도 독일의 학문적 전통과 낯섦에도 불구하고 신 유행품처럼 파고들고 있다고 진단한다.[70] 실증주의 방법론은 미리 주어진 것들만을 ─자연과학적 이상理想으로부터─ 받아들인 엄격하고도 객관적인 방법론을 통해 확실하게 인식하는 것을 목표로 설정한

---

[70] 테오도르 W. 아도르노(2014), 『사회학 강의』, 문병호 옮김, 166쪽 참조.

다. 그러나 이것은 아도르노의 시각에서는 "확실성을 그것 자체로서 물신物神으로 만들고 마는" 결과를 초래할 뿐이며, 순수한 동어반복에 지나지 않는다. 인식에서의 확실성에 대한 집착은 사물에 대한 방법론의 우세를 유발하여 "사고의 도구들, 사고의 수단들이 목적들의 맞은편에서 스스로 독립적이 되고 사물화되는" 결과에 이르게 된다.

"이렇게 해서 인간들은 확실한 것의 희생을 치르고서 확실성을 그것 자체로서 물신으로 만들고 마는 것입니다. 바로 이 점이 동어반복의 우세함에 대한 설명, 종국적으로는 이른바 '논리적인 깨끗함'의 우세함에 대한 설명이 될 것 같습니다. 인식의 영역에서도 인간들은 그들이 의식에 앞서서 이미 알고 있는, 모든 순간에 절멸될 수 있는 실존이 인간들에게 부담을 지우고 있는 위험부담들을 감수하는 것보다는 차라리 A=A라는 문장의 절대적인 확실성, 즉 순수한 동어반복에 묶여 있는 것입니다. [⋯] 방법론의 우세함에서 전개되는 이유들로 인해 사고의 도구들, 사고의 수단들이 목적들의 맞은편에서 스스로 독립적이 되고 사물화되는 것입니다."[71]

어떤 사물이 실증주의적 방법론에 의해 인식되면, 사물이 있는 그대로 인식되는 것이 아니고 방법론에 의해 관리되는 사물로 규정될 뿐이다. 이렇게 해서 인식은 동어반복에 갇히게 된다. 아도르노는 동어반복적 특징으로부터 벗어날 수 있는 인식을 강조한다.

"방법론학의 이상理想은 동어반복입니다. 다른 말로 하면, 인식 자체가 작동적으로 규정됩니다. 인식은 다른 것이 아닌, 바로 방법론의 요구들을 가능한 한 순수하게 충족시키는 것에 지나지 않기 때문입니다. [⋯] 순수한 분석적인 판단을 넘어서는 인식, 앞에서 말한 작동적·동어반복적 특징을 넘어서는 인식만이 오로지 생산적인 인식이라는 말씀을 드리고자 합니다."[72]

아도르노가 이 자리에서 말하는 "생산적인 인식"은 사물과 현상을 변증법적으로 꿰뚫어 봄으로써 사물과 현상이 미리 주

---

71 앞의 책, 167-168쪽.
72 앞의 책, 168쪽.

어진 것들만은 아니며 역사적·사회적으로 생성되면서 변전되는 과정에 놓인 것들이라는 통찰에 도달하는 인식이다. 실증주의의 방법론은 이러한 인식에 도달하는 것을 저해함으로써 기존의 질서가 항상 동일하게 반복되는 것에 시중을 들며, 이는 기존 지배 체제의 존속을 의미한다. 기존하는 질서보다 더 좋은 질서로, 현재 작동되는 사회보다 더 좋은 사회로 변화될 수 있는 가능성이 차단되는 것이다.

나는 아도르노의 실증주의 비판을 『사회학 강의』에 첨부된 「옮긴이 후기」에서 실증주의적 사회학이 갖고 있는 문제점들의 관점에서 다음과 같이 정리한 바 있으며, 이를 이 자리에 인용하면서 글을 마치려고 한다.

"조금 심하게 말한다면, 아도르노에게는 실증주의적 사회학은 눈앞에 보이는 것만을 연구 대상으로 삼고 본질적인 것에 대한 물음을 거부함으로써 사회의 본질에 대한 통찰과 인식을 저해하는 사회학이며, 개인과 사회의 관계에 대한 변증법적 통찰을 거부하는 사회학이고, 개별적으로 나타나는 사회적 현상이 사회와 맺고 있는, 역사적으로 전개되는 변증법적 연관관계를 무시함으로써 사회적 현상을 본질적으로 인식하는 것을 거부하는 사회학이며, 방법론과 사물을 분리시킴으로써 인식되어져야 할 사회적 현상을 방법론의 틀에 가두어 버리는 사회학이고, 학문이 추구해야 할 덕목인 정신적 연대와 가치 실현을 거부하는 사회학이자, 역사와 사회의 변증법적 상호작용 관계를 무시함으로써 학문적 인식에서 역사라는 핵심 요소를 제거해 버리는 사회학일 뿐이다."[73]

실증주의적 사회학, 더 나아가 실증주의적 사회과학이 학문에서의 지배력을 증대시키면 시킬수록, 사회는 항상 동일하게 ─방법론학의 이상에 빠진 실증주의가 동어반복의 원리를 작동시키는 것처럼 바로 그렇게─ 작동할 것이며, 사회구성원들의 삶도 항상 동일한 삶의 반복적인 재생산 메커니즘에 더욱 많이, 그리고 더욱 높은 정도로 예속될 것이다. 오늘날의 세계에서 보이는 것과 같은 실증주의의 영향력이 지속되면, 이에 힘입어 환호성을 올리는 것은 지배권력이다.

─
73 「옮긴이 후기」, 앞의 책, 357쪽.

6장
계몽에 대한 계몽, 계몽 자체를 향하는 계몽, 이성의 자기 자각

2~5장에서 나는 독자들에게 『계몽의 변증법』이 들려주는 문명의 타락사에 대해 해설하였다. 이제 인류가 어떻게 하면 이러한 타락으로부터 벗어날 수 있는가 하는 가능성에 대해 논의할 차례가 되었다.

『계몽의 변증법』이 이러한 가능성으로서 제시한 개념들이 '계몽에 대한 계몽', '이성의 자기 자각'이다. 호르크하이머와 아도르노는 계몽에 대한 계몽에 대해 『계몽의 변증법』의 제1장인 「계몽의 개념」의 말미에서 짧게 언급하고 있으며, 이성의 자기 자각이라는 표현을 직접적으로 사용하고 있지 않다. 그럼에도 두 저자는 이성의 자기 자각의 내용에 해당하는 사유를 「계몽의 개념」의 말미에서 짧게 보여 준다.

『계몽의 변증법』에서 제시되는 계몽에 대한 계몽, 이성의 자기 자각은 구체적이지 않고 추상적이다. 이 개념들의 요체가 제시되고 있을 뿐인 것이다. 이 개념들에 대해, 그중에서도 특히 이성의 자기 자각에 대해 구체적이고 상세한 사유를 펼친 책이 바로 아도르노의 『부정변증법』이다. 『계몽의 변증법』, 『미학 이론』과 함께 아도르노의 3대 주 저작으로 볼 수 있는 이 책은 도구적 이성이 구축한 불의의 연관관계부터 벗어날 수 있는 가능성들을 여러 관점에서 상세하고도 치열하게 사유한다.

계몽에 대한 계몽, 이성의 자기 자각은 표현이 다르지만 내용적으로는 거의 동질적이다. 그럼에도 『계몽의 변증법』에서의 계몽 개념은, 이 개념이 막스 베버의 세계의 탈주술화 개념으로부터 유래한 것에서 알 수 있듯이, 이성 개념보다 상위에 위치한다고 볼 수 있다. 이 책에서의 계몽은 인간이 자연과 세계를 대하는 근본적인 의식 · 태도 · 정신의 차원을 가진 ─이는 세계의 탈주술화가 일원적 세계상의 해체에서 시작된 것을 상기해 보면 명료하게 드러난다─ 개념이고, 이성은 세계를 인식하는 기관Organ이기 때문이다.

계몽은 정신이고, 이성은 사고, 개념, 논리를 구사하며 체계를 구축하는 인식 능력이다.[74] 계몽에서는 정신이, 이성에서는 인식이 관건이 된다. 이런 까닭에서, 나는 계몽이 도구적 이성을 부린다는 표현을 앞에서 사용한 바 있었다. 이제 계몽에 대한 계몽에 대해 살펴보기로 한다.

1. 계몽에 대한 계몽, 지배를 두 조각으로 갈라지는 것으로 냉정하게 알리는 것

어떤 특정 의식, 태도, 정신이 불의의 연관관계를 구축하여 인간, 사회, 세계를 불행의 늪에 빠트리는 경우에, 인간은 이것들과는 전적으로 다른 어떤 것들을 대안으로 모색할 수 있다. 예를 들어 자연지배의 의식·태도·정신에 토대를 둔 서구 과학기술 문명은 자연을 총체적으로 파괴하고 환경을 오염시킴

---

[74] 헤겔의 사유에서는 물론 정신과 이성이 거의 동급에 위치한다고 볼 수 있을 것이다. 정신은 이성의 활동의 산물이기 때문이다. 그러나 『계몽의 변증법』에서는 정신인 계몽이 인식의 기관인 이성보다 상위에 위치하는 개념이라고 보는 것이 타당할 것이다. 이 책에서 계몽은 도구적 이성을 부려 문명을 추동하는 의식이고 태도이자 정신이기 때문이다.

으로써 기후 변화까지 유발하고 있는바, 이에 대한 대안으로서 서구 과학기술 문명과는 본질적으로 전혀 다른 어떤 다른 문명을 모색할 수 있는 것이다. 서구 문명과 문화에 대한 대안으로서 자연친화적인 동양 문화를 제시하는 것이 이 경우에 해당한다고 볼 수 있다. 사유 재산과 자유 경쟁의 정신에 토대를 둔 사회경제 질서인 자본주의가 유발하는 모순과 불의로부터 빠져나올 가능성을 찾을 때 마르크스의 경우처럼 사유 재산을 폐지하고 경쟁보다는 연대를 중시하는 경제사회 질서인 사회주의를 모색할 수도 있고, 자본주의와 사회주의의 장점만을 결합하려는 시도인 사회주의적 자본주의를 자본주의의 대안으로 제시할 수도 있다.

앞에서 본 예들은 계몽에도 해당될 수 있다. 계몽이 구축해 온 불의의 연관관계로부터 인류가 빠져나올 수 있는 가능성을 사유할 때, 사람들은 계몽과는 전적으로 다른 어떤 정신을 찾아 나설 수 있는 것이다. 자연지배, 합리화, 이성의 수학화·형식화·도구화를 추동하는 계몽과는 본질적으로 성격이 다른 어떤 정신을 계몽의 대안으로서 모색할 수 있는 것이다. 자연친화적 정신, 자연 질서에 순응하는 정신, 대상을 대하는 태도에서 인간이 목적-수단 관계를 통해 대상으로부터 무엇을 성취하려는 정신보다는 대상을 존중하고 대상에 우위를 부여하는 정신, 이성보다는 감성에 우위를 두는 정신 등이 계몽의 대안이 될 수 있는 것이다.

그러나 『계몽의 변증법』은 계몽의 대안으로서 어떤 다른 정신을 제시하지 않는다. 이 책은 계몽이 저지르는 문명의 타락으로부터 빠져나올 가능성을 다른 것이 아닌, 바로 계몽으로부터 찾는다. 그 가능성은 계몽에 대한 계몽Aufklärung der Aufklärung, 계몽 자체에 대한 계몽Aufklärung über sich selbst, 계몽 자체를 겨냥하는 계몽Aufklärung gegen Aufklärung sich selbst'이다.

호르크하이머와 아도르노는 이 이념을 『계몽의 변증법』의 「서문」에서 명료하게 알린다.

"…인간들이 완벽할 정도로 배반당하지 않으려면 계몽은 계몽 자체에 대해 스스로 자각해야 한다…." (DA 4)

계몽의 자기 자각을 이처럼 명백하게 제시한 두 저자는 「계몽의 개념」에서 계몽이 저지른 갖은 종류의 불의를 비판하고 나서 계몽에 대한 계몽의 개념을 지배, 주체, 객체, 정신, 본성과의 연관관계에서 사유한다.

"그러나 계몽이 유토피아의 모든 실체화에 대항하여 승리하고 지배를 두 조각으로 갈라지는 것Entzweiung으로 냉정하게 알림으로써, 주체와 객체의 부서짐은 ─계몽은 이러한 부서짐을 덮어서 감추는 것을 거절한다─ 부서짐 자체의 비진실에 대한 지표가 되며, 또한 진실의 지표가 된다. 미신의 배척은, 지배의 진척과 함께, 동시에 지배의 가면을 벗기는 것을 항상 의미하였다. 계몽은 계몽 이상以上이며, 계몽의 소외에서 인지될 수 있는 자연(본성)이다. 정신의 자기 인식에서, 곧 정신이 정신 자체와 둘로 갈라진 것으로서의 본성을 스스로 인식하는 것에서, 본성은 원시시대에서처럼 본성 자체를 불러낸다." (DA 38-39)

『계몽의 변증법』의 제1장인 「계몽의 개념」에서 계몽은 전체주의적인 정신, 사물들에 대해 독재자처럼 행동하는 정신, 지배의 실제에 연루되는 정신이다. 계몽이 항상 부정적인 개념으로 사용되고 있는 것이다. 그러나 호르크하이머와 아도르노는 인용문에서 계몽의 개념을 처음으로 긍정적으로 사용하고 있다. 계몽이 구축해 온 불의의 연관관계로부터 인류를 해방시킬 수 있는 가능성을 계몽에 부여하고 있는 것이다.

그러나 『계몽의 변증법』은 계몽이 저지른 불의, 곧 사고의 도구화, 개념의 공구화, 논리의 형식화, 학문의 공구화, 이성의 도구화로부터 빠져나올 수 있는 가능성들을 구체적으로 제시하고 있지는 않다. 앞선 인용문에서처럼, 이 책은 계몽이 세계의 탈주술화 과정과 함께 앞의 다섯 가지 불의들을 통해 구축해 온 지배의 관점에서 ―이 불의들이 지배의 구축에 연루되어 있음은 5장 1절 2항부터 5항까지의 해설에서 이미 살펴보았다― 계몽에 대한 계몽을 찾는다.

계몽이 자기 스스로 구축한 "지배를 두 조각으로 갈라지는 것"으로 깨우치는 것은 계몽의 자기 계몽이 된다. 호르크하이머와 아도르노는 앞선 인용문에서 지배를 두 조각으로 갈라지는 것으로 보는 것을 주체와 객체의 관계에서 사유하고 있지만, 나는 이 사유가 다음과 같은 차원으로 확대 해석될 수 있다고 본다. 앞에서 말한 깨우침이 자기 계몽이 되는 이유는 세 가지로 정리할 수 있다.

첫째, 계몽은 외적 자연지배를 실행함으로써 지배를 구축하고, 이 과정에서 자연과 인간을 두 조각으로 갈라놓았기 때문이다. 자연과 인간이 분리되는 것이다. 그러나 계몽이 자연과 인간이 이처럼 갈라지는 것을 "냉정하게 알리는" 것은 부정적인 의미에서의 계몽을 겨냥하는 긍정적인 의미에서의 계몽이 된다.

둘째, 계몽은 내적 자연지배를 실행함으로써, 곧 인간의 자기 주체의 자기 포기를 강요함으로써 인간의 주체를 원래의 본성에 해당하는 주체와 지배된 주체로 갈라놓았기 때문이다. 주체가 두 조각으로 분리되는 것이며, 계몽이 진행되면 될수록 원래의 주체가 설 자리를 잃게 된다. 그러나 계몽이 인간의 주체를 두 조각으로 갈라놓았다는 것에 대해 계몽 스스로 깨우치는 것은 계몽에 대한 계몽이 된다.

셋째, 계몽이 객체에 대해 거리를 설정함으로써 시작되는 주체화는 동시에 주체에 의해 형성된 객체 세계의 위력이 증대되는 과정, 곧 사물화 과정을 동반하며, 사물화가 진척되면서 주체는 그것 스스로 구축한 객체 세계의 위력에 의해 지배를 당하기 때문이다. 주체화와 사물화의 변증법에서 주체와 객체가 분리되는 것이다. 이러한 분리의 정점에서는 주체는 소멸하고 오로지 객체 세계만 존재할 수 있다. 그러나 계몽이 주체와 객체의 분리에 책임이 있음을 깨우치면, 계몽의 자기 계몽이 된다.

자연과 인간, 원래의 주체와 자기 포기를 강요당한 주체, 주체와 객체가 두 조각으로 갈라지는 것에서 환호성을 올리는 것이 바로 지배이다. 계몽이 "지배를 이처럼 두 조각으로 갈라지는 것"으로서 "냉정하게 알리는" 것, 곧 "주체와 객체의 부서짐"을 거절하는 것이 계몽의 자기 계몽이다.

"주체와 객체의 부서짐"이 그것 자체로 "비진실의 지표"가 된다는 것은 계몽이 자연과 인간, 원래의 주체와 자기 포기를 강요당한 주체, 주체와 객체를 두 조각으로 갈라놓았기 때문이다. "주체와 객체의 부서짐"이 그것 자체로 "진실의 지표"이기도 하다는 것은 계몽이 스스로를 계몽시킴으로써 자연과 인간의 화해, 주체의 회복, 주체와 객체의 화해를 성취시킬 수 있는 능력을 여전히 갖고 있기 때문이다. 계몽이 이러한 능력을 발휘하는 것은, 신화로 전락하여 불의의 연관관계로서의 지배를 구축하는 계몽의 "가면을 벗기는 것"을 의미한다. 계몽이 구축한 지배의 가면을 벗기는 능력을 갖고 있는 것도, 다름 아닌 바로 계몽이다. 주체와 객체의 부서짐에서 비진실의 지표와 진실의 지표를 동시에 인식하는 것은 프랑크푸르트학파의 사유 원리이자 방법인 변증법적 사유를 보여 주고 있다. 비진실을 지양하여 진실에 도달하고자 하는 것이 이 학파의 이념이며, 이는 계몽의 자기 자각에 대한 사유에서도 선명하게 드러나고 있다.

계몽에 대한 계몽은 문명의 타락사에서 최상위에 위치하는 정신인 계몽이 정신의 자기 인식에 도달하는 것을 의미한다. 정신이 지배에 연루되어 빠져 있는 늪으로부터 빠져나와 정신이 스스로를 인식할 때, 원래의 주체와 자기 포기가 된 주체로 갈라진 주체가 하나가 된 상태인 본성이, 곧 자기 주체의 자기 포기로부터 빠져나와 원래로 되돌아간 본성이 정신과 하나가 된다. 정신의 자기 인식에서 본성이 마침내 본성 자체를 불러낼 수 있는 것이다. 『계몽의 변증법』은 계몽의 자기파괴 과정에 의해 둘로 갈라진 정신과 본성을 하나로 되게 할 수 있는 능력도 바로 계몽에 내재되어 있다는 희망을 버리지 않고 있는 것이다.

호르크하이머와 아도르노는 계몽에 내재하는 이러한 능력을 붙들고 싶어 한다. "계몽은 계몽 이상以上이며, 계몽의 소외에서 인지될 수 있는 자연(본성)이다." 칸트에서 계몽은 "인간이 그 스스로 책임이 있는 미성숙으로부터 빠져나오는 것이다. 미성숙이란, 인간이 다른 사람의 지도 없이는 자신의 오성을 스스로 돌볼 능력이 없는 상태이다."[75] 계몽을 자연지배의 정신으로 이용하고 신화로 전락시킴으로써 불의의 연관관계로서의 지배를 구축해 온 인간이 "그 스스로 책임이 있는 미성숙으로부터 빠져나와" 자연과 인간, 원래의 주체와 자기 포기가 된 주체, 주체와 객체, 정신과 본성이 두 조각으로 갈라지지 않고 하나가 되는 상태를 향해 나아갈 때, 곧 화해 상태의 실현을 위해 불굴의 의지를 갖고 항구적으로 부정적인 것을 지양할 때 "계몽은 계몽 이상"인 것으로 된다. 계몽이 가진, 계몽에 고유하게 내재하는 이러한 능력으로부터 계몽이 소외되어 있음을 자각하는 것도 계몽의 자기 계몽에 해당한다.

---

[75] 이 인용문은 『계몽의 변증법』에서 재인용하였음(DA 74). 이 책이 인용한 원전 출처는 다음과 같음. Kant, *Beantwortung der Frage: Was ist Aufklärung?*, Kants Werke. Akademie-Ausgabe, Band VIII, S.35.

호르크하이머와 아도르노는 「계몽의 개념」의 집필을 마치면서 계몽의 완성과 지양에 대해 사유한다. 계몽은 세계의 탈주술화의 개시 이후 2차 세계대전과 같은 미증유의 참극에 이를 때까지 부정적인 것으로서 불의를 산출하였지만, 이제 부정적인 것을 부정함으로써 계몽을 더 높은 단계에서 긍정적으로 살려 내는 과정을 통해 완성된다는 것이다. 계몽의 완성과 지양에 관한 사유는 베이컨이 말하는 지식과 진보의 맥락에서 이루어지고 있기 때문에, 이 자리에서 이 사유를 이해하는 데 필요한 부분을, 조금 길지만, 모두 인용하기로 한다.

"진보의 전령사인 베이컨은 많은 것들에 대해 꿈꾸었다. '왕들도 그들이 가진 모든 보물을 주고도 이것들[76]을 살 수 없고, 왕들의 명령도 이것들에 대해서는 지배력을 행사하지 않으며, 왕들의 사신들이나 밀사들도 이것들에 관하여 소식을 가져오지 못한다.' 베이컨이 이렇게 원하였듯이, 그가 꿈꾸었던 것들은 시민들, 왕들의 계몽된 상속인들에게 귀속되었다. 부르주아적인 경제가 시

———
76 지식들을 지칭함.

장의 매개를 통해 폭력을 다양화시킴으로써, 부르주아적인 경제의 사물들과 힘들을 그것들의 관리를 위해 왕들뿐만 아니라 시민들도 더 이상 필요하지 않을 정도로 역시 다양화시켰다. […] 계몽은 다음과 같은 경우에 완성되고 지양된다. 다시 말해, 가장 가까이 있는 실제적인 목적들이 도달된 가장 먼 곳에 있는 것으로서 그 모습을 드러낼 때, '왕들의 사신들이나 밀사들도 땅들에 대해 소식을 가져오지 못하는' 그러한 땅들이, 곧 지배적인 학문에 의해 오인된 자연이 원천의 땅들로서 상기될 때, 계몽이 완성되고 지양되는 것이다." (DA 41)

"가장 가까이 있는 실제적인 목적들"은 베이컨이 말하는 지식의 진보를 이용하여 시민사회에서 부르주아적인 경제를 장악함으로써 지배적 지위를 갖는 시민들과 왕들의 계몽된 상속인들에게 귀속된 목적들이다. 지식과 결합된 이 목적들은 효율성, 유용성, 편리성, 실용성, 경제적 이윤 추구를 지향한다. 이 목적들은 계몽이 만들어 낸 실제에서, 곧 계몽이 지식을 이용하여 인간을 지배하는 실제에서 작동하는 목적들이며, 이 목적들을 실행하는 기관이 도구적 이성이다. 이처럼 실제적인 목적들은 인간의 가장 가까운 곳에 위치하면서 인간을 지배한다. 그러나 계몽이 자기 자각을 하여 이 목적들을 지양함으로써 "도달된 가장 먼 곳에 있는 것"으로 그 모습을 드러낼 때, 계몽이 완성된다는 것이다.

"도달된 가장 먼 곳에 있는 것"이라는 표현은 계몽이 자기 자각에 이르는 도정이 멀고도 먼 험난한 도정임을 알리고 있다. 부정적인 것에 대한 항구적인 지양을 통해서만이 계몽에 대한 계몽이 완성될 수 있음을 밝히고 있는 것이다.

계몽의 자기 계몽이 학문의 자기 자각을 필요로 하는 것은 필연성에 해당한다. 『계몽의 변증법』이 볼 때, 학문은 지식을 생산하여 자연지배를 추동하고 개인에 대한 사회의 지배에 연루됨으로써 지배가 부리는 도구로 전락하는바, 학문도 이제 이처럼 부정적인 성격에서 벗어나 주어진 본연의 임무를 수행하는 길로 되돌아가야 한다는 것이다. 지배적인 학문에 의해 관리되고 오인된 자연이 "원천의 땅들로 상기될 때", 그리고 지배적인 학문에 의해 자기 주체의 자기 포기를 강요당한 주체가 원래의 주체로 되돌아갈 때 —두 개의 상태에 이르는 길은 길고도 험난하겠지만— 계몽이 완성될 수 있는 것이다. 『계몽의 변증법』

이 인류에게 알려 주는 것은, '부정적인 의미에서의 계몽'에 대한 '긍정적인 의미에서의 계몽'이 항구적으로 지속되어야 한다는 필연성이다.

2. 이성의 자기 자각, 주체 내부에서 본성을 기억해 내는 것

계몽이 정신의 차원을 갖는 개념인 반면에, 이성은 인간의 주체가 사고를 통해 대상을 인식하는 정신적인 능력이다.[77] 이성에서 관건이 되는 것은 인식 능력이다. 이성이 인식을 성취하기 위해 필요한 조건은 사고의 형성이며, 사고는 개념을 통해서 기술된다. 『계몽의 변증법』에서, 이성의 활동 조건인 사고와 개념에 대한 비판적 사유는 전편에 걸쳐 다양한 시각에서 전개되고 있으나 이성의 자기 자각이라는 표현이 직접적으로 출현하지는 않는다. 그럼에도 사고와 개념이 도구로 전락하는 것의 대안을 모색하는 사유의 단초는 이 책에서 드러나고 있다. 나

---

77 이곳까지 진행된 해설에서 이성에 대해서 개략적으로 언급하였기 때문에, 이 자리에서 중언부언하지 않음.

는 이 단초만을 해설하고자 한다. 이성의 자기 자각을 본격적으로 논의하려면 『부정변증법』에서 펼쳐지는 아도르노의 사유를 심층적으로 들여다보아야 하기 때문이다.

이성 개념이 프랑크푸르트학파의 사유에서 얼마나 중요한 개념인가 하는 점은 이 학파가 설정한 이념인 "이성적인 사회의 이성적인 구축"에서 명백하게 드러난다. 여기에서 이 학파가 추구하는 목표가 도구적 이성의 극복임을 알 수 있는 것이다. 이성이 도구로 전락함으로써 불의의 연관관계를 산출해 왔다는 죄과를 스스로 깨우침으로써 본연의 역할을 수행하고 기능을 발휘하면, 계몽에 대한 계몽이 실현되는 것은 자명하다. 계몽을 타락에 빠트리는 주범은 타락한 이성인 도구적 이성이기 때문이다.

『계몽의 변증법』은, 계몽의 경우에서와 똑같이, 도구적 이성을 극복하기 위해 이성과는 전적으로 다른 어떤 새로운 인식 능력을 모색하지 않는다. 호르크하이머와 아도르노는 계몽이 부리는 도구가 되어 사고와 개념을 도구·공구로 전락시키고 논리와 학문을 형식화·공구화함으로써, 불의의 연관관계로서의 지배를 구축하는 데 중심적인 역할을 하는 도구적 이성으로부터 인간이 빠져나올 수 있는 가능성을 다른 것이 아닌, 바로 이성에서 찾는다. 도구적 이성이 앞에서 말한 부정적 기능을 지양하는 것에서 모색하는 것이다. 도구적 이성을 지양하여 이성을 본연의 임무와 기능으로 되돌리는 대안이 바로 이성의 자기 자각이다. 『계몽의 변증법』은 이에 대해 상론하지 않고 사고의 자기 자각, 관점의 충족으로서의 개념의 역할에서 이성의 자기 자각의 가능성을 보고 있다.

"실재의 역사는 실재의 고통으로부터, 곧 수단들의 증가와 비례해서 고통의 폐기에 이르는 것이 결코 감소되지 않는 고통으로부터 직물처럼 짜여 있는 반면에, 관점의 충족은 개념에 의존된다. 개념은 학문으로서, 인간들로 하여금 자연으로부터 거리를 유지하게 할 뿐만 아니라 바로 사고의 자기 자각으로서, 곧 학문의 형식에서 맹목적인 경제적 경향에 얽매여 있는 사고의 자기 자각으로서, 불의를 영구화하는 거리를 측정하게 하기 때문이다. 주체의 실행에는 모든 문화의 오인된 진실이 함유되어 있는바, 계몽은 주체 내부에서 본성을 기억해 내는 것Eingedenken der Natur im Subjekt을 통해서 지배와 맞서 있다." (DA 39)

실재의 역사를 고통이 직물처럼 짜여 있는 구조로 되게 하는 주범은 계몽이며, 계몽이 부리는 도구적 이성은 대상에 대한 인식에서 대상을 도구적 이성이 의도하는 이해관계에 종속시킨다. 도구적 이성의 이러한 타락에 사고와 개념이 하수인 역할을 하며, 개념과 논리를 통해 지식의 체계를 구축하는 학문도 사고와 개념이 도구·공구로 전락하기 때문에 도구적 이성이 부리는 기관Organ으로 된다. 따라서 도구적 이성이 이러한 타락으로부터 빠져나오기 위해서는 사고와 개념이 본연의 역할로 되돌아가야 하며, 이렇게 될 경우 학문도 더 이상 도구로 기능하지 않는 상태로 진입할 수 있다.

앞선 인용문에서 드러나듯이, 호르크하이머와 아도르노는 이러한 가능성의 실현을 일차적으로 개념에서 찾는다. 개념이 더 이상 공구로 기능하지 않고 관점을 충족하는 역할을 해야 한다는 것이다. 개념이 "여러 가지 상이한 상황에서 항상 동일한 것으로 붙잡혀 있는 공구와 똑같은"(DA 38) 것으로 됨으로써, 개념은 인간들로 하여금 자연으로부터 거리를 유지하게 할 수 없게 한다. 개념은 계몽과 도구적 이성이 부리는 이념적인 공구로서 자연을 지배하는 데 항상 동일한 기능을 수행하는 것이다. 개념이 공구가 되어 이처럼 동일한 기능을 수행하는 한, 개념도 사고와 함께 연루되어 구축된 불의의 연관관계를 지양할 수 있는 가능성이 존재하지 않는다.

따라서 호르크하이머와 아도르노에게는 개념을 이처럼 부정적인 기능으로부터 해방시키는 것이 긴요하다. 두 저자는 이러한 가능성을 개념이 관점을 설정하고 충족하는 것에서 보고 있다. 이것이 "불의를 영구화하는 거리를 측정"할 수 있다는 것이다. 개념이 이념적인 공구로 전락함으로써 불의를 영구화하는 기능을 더 이상 실행하지 않고 무엇이 불의를 영구화하는가에 대한 관점을 설정할 때, "불의를 영구화하는 거리"를 스스로 측정할 능력을 갖게 되는 것은 자명하다.

두 저자가 볼 때, 개념의 이처럼 긍정적인 역할은 "학문의 형식에서 맹목적인 경제적 경향에 얽매여 있는" 사고로 하여금 자기 자각을 할 수 있게 한다. 사고가 사고의 도구화로부터 해방되는 것이다. 개념의 관점 충족과 사고의 자기 자각은 도구적 이성의 활동을 중단시키고 개념과 사고가 본연의 역할과 기능을 수행할 수 있게 해 준다. 이성의 관점에서 보면, 이것이 바로 이성의 자기 자각이다.

『계몽의 변증법』에 대한 수많은 연구문헌들에서는 257쪽 인용문에 나오는 "주체 내부에서 본성을 기억해 내는 것"을 이성의 자기 자각으로 해석하는 것이 일반적이다. 2~5장에서 보았듯이, 주체는 계몽과 도구적 이성이 실행하는 외적 및 내적 자연지배에서 자기 포기를 강요당한다.

주체는 또한 주체화가 산출하는 사물화의 지배를 당하게 된다. 주체화와 사물화의 변증법에서 주체는 스스로 산출한 객체 세계, 곧 인간에게 위압적인 권력을 행사하는 사물 세계의 지배를 받으면서 물건처럼 된다. 주체는 인식 주체로서의 지위를 박탈당하고 주체를 상실하게 되는 것이다. 사물 세계에서 주체가 주체를 주체로서 확인할 가능성은 거의 없다.

주체로부터 주체 본연의 인식 능력을 박탈하고 주체를 사물 세계의 객체로 전락시키는 것이 바로 계몽과 도구적 이성이다. 이렇게 전락한 주체는 올바르게 사고할 수 없고 개념을 올바르게 운용할 수 없으며, 올바르게 근거가 세워진 논리를 구성할 수도 없다. 올바르지 못한 과정에 의해 구축된 체계가 체계로서의 정당성을 갖는 것은 불가능하다. 이 체계가 지배에 시중을 드는 것은 필연적인 귀결이다. 이에 상응하여 지식의 체계인 학문도 지배의 도구로 전락한다.

따라서 사고, 개념, 논리, 체계, 학문으로 하여금 그것들 본연의 임무와 기능을 수행할 수 있게 하기 위해서는, 『계몽의 변증법』에 따르면, 사물 세계의 객체로 포획당한 주체를 구출하는 수밖에 없다. 이것이 바로 "주체 내부에서 본성을 기억해 내는 것"이다. 여기에서 본성은 자기 포기를 당하지 않은 주체, 사물 세계의 지배를 당하지 않은 주체, 인식 능력을 상실하지 않는 주체를 의미한다고 볼 수 있다. 주체의 인식 능력을 관할하는 기관은 이성이기 때문에, "주체 내부에서 본성을 기억해 내는 것"은 따라서 이성의 자기 자각이다.

계몽에 대한 계몽과 이성의 자기 자각이 성취되기 위해서는, "계몽의 완성과 지양"이라는 표현에서 이미 드러났듯이, 변증법적 사유가 절대적으로 필요하다. 『계몽의 변증법』이 말하는 변증법은 부정적인 것을 부정함으로써 긍정적인 종합에 도달한다는 헤겔의 변증법과는 전적으로 상이하다. 이 책에서는 '부정의 변증법'이라는 표현이 출현하지 않지만, 특정 형상이 형성되는 것을 금지하는 개념인 "규정된 부정"(DA 25)의 개념을 도입함으로써 부정의 부정도 역시 부정이 되어야 함을 알리고 있다. 계몽에 대한 계몽, 이성의 자기 자각은 계몽이 완성될 때까지, 그리고 이성이 본연의 임무와 기능으로 되돌아갈 때까지 항구적으로 지속되어야 하는 변증법적 사유에 의해서만 성취될 수 있다.

나는 지금까지 자연, 인간, 세계, 사회, 문명 등에 대해 매우 폭이 넓고 심원한 인식을 매개하는 고전인 『계몽의 변증법』을 이 책이 문명의 타락사를 들려준다는 관점에서 해설하였다. 독자들이 나의 해설을 통해 코끼리와 같은 모습을 갖고 있는 이 책을 코끼리의 윤곽을 파악하는 선에서라도 이해하게 되었다면, 나로서는 큰 기쁨이다.

참고문헌

1. 『계몽의 변증법』 원전

Horkheimer, Max & Theodor W. Adorno(1971), *Dialektik der Aufklärung, Philosophische Fragmente*, Frankfurt/M.: Fischer Verlag.

2. 관련 참고문헌

『경향신문』(2020.05.14.). 제러미 리프킨과의 인터뷰.

『경향신문』(2014.10.04.). 한국 사회에 대한 특집 기획.

문병호(2001), 『아도르노의 사회 이론과 예술 이론』(2쇄), 서울: 문학과지성사.

_____(2006), 『비판과 화해. 아도르노의 철학과 미학』, 서울: 철학과현실사.

송호근(2015), 『나는 시민인가?』, 파주: 문학동네.

아도르노, 테오도르 W.(2014), 『사회학 강의』, 문병호 옮김, 서울: 세창출판사.

_____(2017), 『사회학 논문집 I』, 문병호 옮김, 서울: 세창출판사.

Benjamin, Walter(1980), *Schicksal und Charakter*, in: *Gesammelte Schriften*. Band II · 1, Aufsätze, Essays, Vorträge. Herausgegeben von Rolf Tiedemann und Hermann Schweppenhäuser, Frankfurt/M.: Suhrkamp Verlag.

Ritter, Joachim(hrsg.)(1971), *Historisches Wörterbuch der Philosophie*. Band 1, Basel/Stuttgart: Schwabe Verlag.

Schischkoff, Georgi & Heinrich Schmidt(hrsg.)(1982), *Philosophisches Wörterbuch*. 21. Aufl., Stuttgart: Alfred Kröner Verlag.

Schluchter, Wolfgang(1980), *Die Paradoxie der Rationalisierung, Zum Verhältnis von ›Ethik‹ und ›Welt‹ bei Max Weber*, in ders: *Rationalismus der Weltbeherrschung. Studien zu Max Weber*, Frankfurt/M.: Suhrkamp Verlag.

[세창명저산책]

세창명저산책은 현대 지성과 사상을 형성한 명저를 우리 지식인들의 손으로 풀어 쓴 해설서입니다.